"儒家文明省部共建协同创新中心"资助项目

山东大学儒学高等研究院重点项目

山东省"泰山学者"项目阶段性成果

汉字
中国

·

命

曾振宇 · 主编

姜秉熙 · 著

图书在版编目（CIP）数据

命／姜秉熙著．——北京：华夏出版社，2020.6
（汉字中国／曾振宇主编）
ISBN 978-7-5080-9786-2

Ⅰ．①命… Ⅱ．①姜… Ⅲ．①汉字－通俗读物 ②中华文化－通俗读物 Ⅳ．① H12-49 ② K203-49

中国版本图书馆 CIP 数据核字（2019）第 124062 号

命

作　　者	姜秉熙
责任编辑	赵　楠
美术设计	远顾设计工作室
责任印制	顾瑞清
出版发行	华夏出版社
经　　销	新华书店
印　　刷	三河市万龙印装有限公司
装　　订	三河市万龙印装有限公司
版　　次	2020 年 6 月北京第 1 版 2020 年 6 月北京第 1 次印刷
开　　本	880×1230　1/32
印　　张	8.625
插　　页	4
字　　数	175 千字
定　　价	59.00 元

华夏出版社　地址：北京市东直门外香河园北里 4 号　邮编：100028
　　　　　　　网址：www.hxph.com.cn 电话：(010) 64663331（转）
若发现本版图书有印装质量问题，请与我社营销中心联系调换。

西周　颂鼎铭文拓片

西周　金文拓片

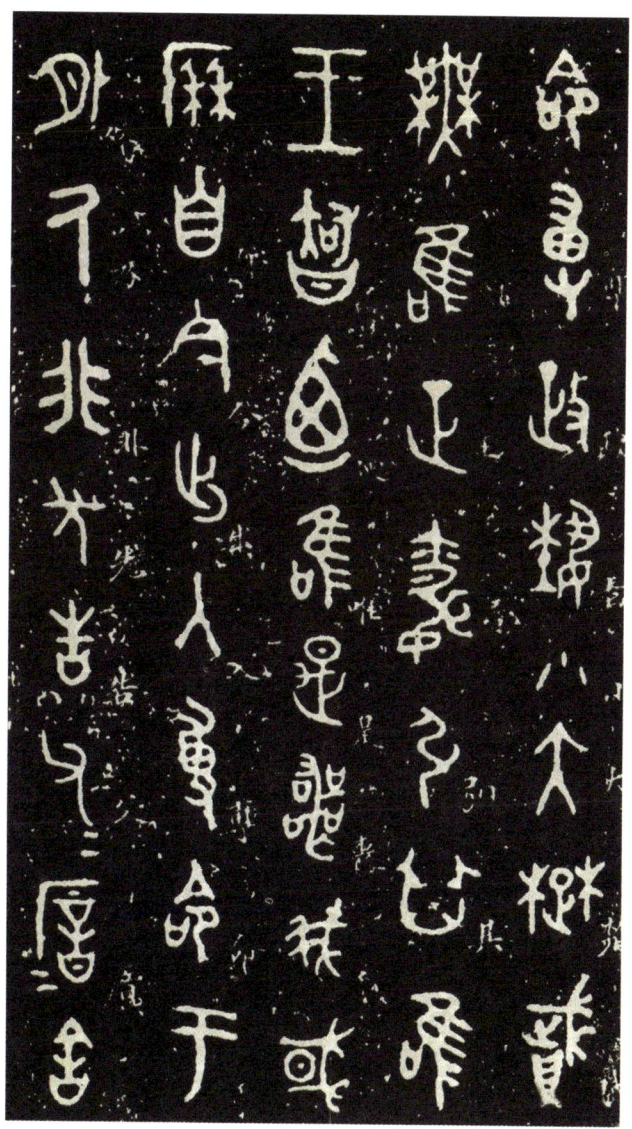

西周 毛公鼎金文铭文拓片

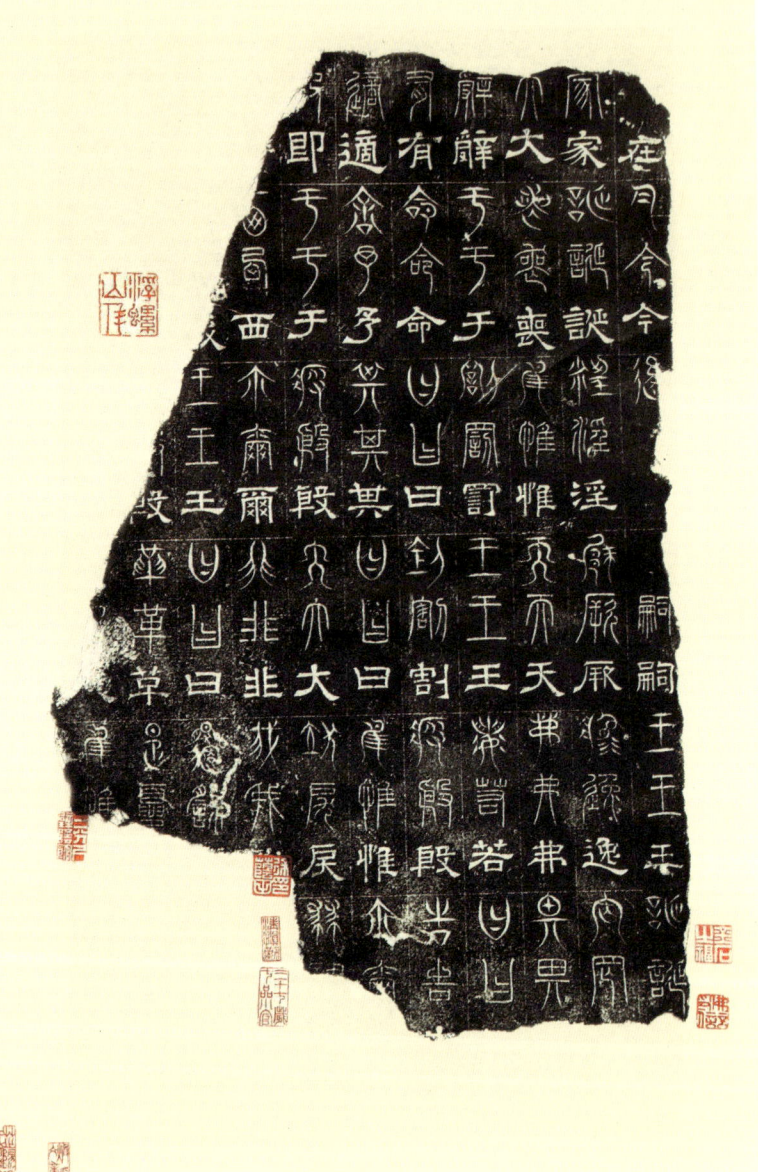

三国魏　三体石经拓片

序

《汉字中国》丛书即将付梓,主编曾振宇教授嘱我在书端写几句话。我认为"汉字中国"是个好题,丛书的出版是件好事,摆到读者面前的是一套好书,振宇教授美意岂能却之?遂谨献鄙意如下。

首先我想说,这是一套什么样的丛书。显然,它不是研究中国文字的学术丛书,而是在文字研究基础上通俗地讲述中国自有的文化哲学体系中一批重要概念的著作,是一套把汉字与它所承载的哲学概念如何紧密地融合起来这一独特的现象呈现出来的创新之作。

丛书的编著者们认为"中国本土哲学与文化形态中的概念、文字和词语是中国哲学与文化的'结晶体'"。这是一个含义很深邃、又很形象的比喻。这就意味着《汉字中国》将对中国哲学与文化的概念进行深入解读,探索其内涵和外延,从而发掘、展现中华文化与其哲学的精神、品质、性格的独特性,消解中国哲学与文化之双足只穿西方哲学之鞋履所带来的误解、困惑与尴尬。反过来看,通过对中国哲学与文化的认知和体验,又可以明了并深化对这些汉字形音义的来龙去脉、衍生变异以及遗存、渗透在现代汉语词汇中的文化基因的认识。或许这也是本套丛书冠以《汉字中国》之名的用意所在吧。

诚然,《汉字中国》所分析、论列的,大多是日常所用的字词,有些即使是"专门"词语,也已经为越来越多的人所习见;但是,由于种种历史的、社会的原因,今人也常常与这些字词的深意若即若离。而如果忽略了汉字在数千年传承、延绵、孳乳、变异过程中沉淀于后世语言形式里的传统文化意义,就会冷淡了中华文化的特性,很可能语言/概念发生"漂移"现象,不得已时只好乞灵于异质文化,从而难以形成阐述中华文化的中国话语体系。

"结晶体"这样一个形象而很有意趣的比况,更会引发读者的遐想:在这个"结晶体"里面,有着丰富多样的微观世界,中国文化的种种现象和思想都在有序地存在着、排列着。由此可以想见,《汉字中国》的筹划、酝酿、研究,用心良苦矣!我不由得又想到,《汉字中国》的影响所及,可能并不仅限于人文社会科学、哲学领域,即使在构建科学技术伦理、自然语言处理、人机对话、中外语言互译,乃至人工智能等领域,似乎也可以参考一下吧。

话说得远了些,就此搁笔。

忝谓之"序"。

许嘉璐

2019 年 8 月 22 日

汉字中国
◆ 命

目 录

第一章

"命"的起源 …………………………………… 1

一、占卜——原始社会命运观的核心 …………… 2
二、龟卜与筮占——殷商至春秋时期的占卜系统 … 4
三、成长为文化观念的"命" ………………………… 10

第二章

"人能弘道，非道弘人"——孔子之"命" ……… 30

一、对生命本身的思考和诠释 ……………………… 32
二、对社会使命的思考和担当 ……………………… 37
三、对命运的思考和安顿 …………………………… 42
四、孔子和其弟子们面对真实的命运 ……………… 48

第三章

"修身以俟之"——孟子之"命" ……………… 54
一、与生俱来的"良心" ……………………………… 55
二、"良心"论与"命" ……………………………… 62

第四章

"知其不可奈何而安之若命"——庄子之"命" …… 70
一、命:不知所以然而然者 ………………………… 74
二、命:有所成有所制者 …………………………… 79
三、命:根源于道受于天地 ………………………… 86
四、安命并非宿命 …………………………………… 90

第五章

"不知其所以然而然"——列子之"命" ………… 95
一、"指令"之"命" ………………………………… 96
二、"性命"之"命" ………………………………… 100
三、"运命"之"命" ………………………………… 107

第六章

"顺天之志,强力而为"——墨子之"命" ……… 126
一、"非命"之论 …………………………………… 127
二、"非命"与"天志"、"明鬼"的一致 ………… 129
三、墨子的"非命"论与其他各家学说相差较大 …… 137
四、真实的墨家学派 ………………………………… 141

第七章

史官的眼睛——司马迁之"命" ………… **147**

第八章

"自然之道,适偶之数"——王充之"命" …… **160**
一、"气"与"命"的联合 ………………… 161
二、"命"与偶然 ………………………… 164

第九章

"以义安命"——程颐之"命" …………… **172**
一、"义"的核心 ………………………… 175
二、"命"的力量 ………………………… 178
三、以义安命 …………………………… 185

第十章

"修德行仁,天命在我"——朱熹之"命" …… **191**
一、"理命"与"气命" …………………… 191
二、"所禀"与"所值" …………………… 198
三、道德意义上的"命" ………………… 203
四、知命、致命、改命 ………………… 211
五、面对"命"的朱熹 …………………… 214

第十一章

"此心光明，夫复何言"——王守仁之"命" …… 219

一、"俟命"之辩 …………………………… 221
二、"俟命"在心学之中的位置 …………… 226
三、王守仁的"俟命"之路 ………………… 229

第十二章

中国算命术的辨析和批判 …………… 235

一、求算者的心理 ………………………… 236
二、算命术的基本要素和方法 …………… 240
三、算命术的内在逻辑 …………………… 248
四、算命术的本质 ………………………… 253

参考文献 ………………… 263

第一章
"命"的起源

词汇最初产生的目的,是用语言符号来记录人们感知到的客观事物及它们之间的相互关系。随着人类社会的逐渐发展演化,以及人们对事物及其之间相互关系认知的不断深化改变,大量新的语言符号逐渐出现,大量旧有的语言符号也被附加或引申出多种新的含义。由此,语言中的词汇变得越来越丰富,其意义逐渐发生了改变。其中,有些新的意义满足了人们日常生活的种种需要,而一些新的意义则逐渐演化成为一个民族或文化圈的文化标识,或一种思想体系的观念支柱。这些作为文化标识或观念支柱的意义,往往是最值得注意,也最有研究价值的。而"命",就是这样一个具有突出研究价值的文化观念。对于命运观念的源起,马林诺夫斯基曾论述道:"不论已经昌明的或尚属原始的科学,都并不能完全支配机遇、消灭意外,及预测自然事变中偶然的遭遇;亦不能使人类的工作都适合于实际的需要及得到可靠的成效。……那些靠不住的,大部分见不到的效果,那些一般归于运命、归于机遇、归于侥幸的事,初民才想用巫术来控制。"[1]因此,"命"是人类文化中产生最早的观念之一,在任何民族、任何文化圈中都是如此。中国文化自然也不例外。接下来,我们就以时间为线索,来描绘和剖析"命"这个观念从产生到形成,并一步步发展为现在我们所熟知的文化观念的具体轨迹。

迄今为止的大多数学者认为,中国文化中的命运观念真正形成并固定下来的时代,应该大致在西周末年。例如,傅斯年在他的《性命古训辨证》中,将中国文化的"命"观念分为五个种类,并认为其产生不早于西周中期。[2]而徐复观认为,命运观念出现于西周末期或东周初期,这一出现过程伴随着以"天"为人格神的信仰的逐渐淡化,从前寄托在人格神身上的"天命",也由此逐渐转化为具体事物的命运。[3]中国文化中命运观念的早期发展脉络,可以被大致概括为三个时期,即:完全以占卜为中心来体现命运观念的原始社会;占卜体系逐渐完善,表达"命"信仰的语言词汇逐渐丰富的殷商时期至春秋时期;以及"命"观念完全成型,且逐渐转变为哲学概念的春秋战国时期。下面,我们就来考察这三个阶段"命"观念的早期发展与形成过程。

一、占卜——原始社会命运观的核心

在荒蛮的原始社会,文字和语言尚不发达,

---

[1] 〔英〕马林诺夫斯基:《文化论》,中国民间文艺出版社,1987年,第48—49页。

[2] 傅斯年:《傅斯年全集》(二),湖南教育出版社,2003年,第597—600页。

[3] 徐复观:《中国人性论史·先秦篇》,上海三联书店,2001年,第34页。

原始命运观念的全貌自然也无法被确切的文字记载下来。现今对原始社会命运观念的认识，主要都是通过对当时占卜活动的遗存进行研究而获得的。由原始人类生存遗迹中大量的占卜痕迹可以知道，占卜活动在当时的社会生活中有着突出的重要性。

中国原始社会中所使用的占卜形式，多为取动物骨骼进行烧灼或钻凿，通过观察其烧痕或裂痕的形状和走势来预知未来可能发生的事情。目前我国已经探明的新石器时期的占卜遗存主要集中在黄河流域的古人类生存遗址中。例如二十世纪三十年代发掘，距今约4500—4000年的山东龙山文化城子崖遗址中，就出土了一些被烧灼和钻裂的牛、鹿的肩胛骨。而随着时间的推移，这种占卜的规模在聚落中逐渐扩大。距今4000年左右的齐家文化遗址中，用于占卜的牛、羊、猪骨骼数量已经相当多了。

在大量的占卜活动背后，都有着命运观念的存在。占卜与命运的紧密联系，是自古以来全世界文化圈的普遍现象。例如，古代日耳曼人用核桃树枝制成占卜用的木签，在签上标明不同的符号，然后在祭司的主持下安置在白布上，眼望上天，抽签进行占卜，并请祭司解读自己抽到的签记。[1] 而在《中国原始宗教资料丛编》中，也记载了中国各个少数民族保留至今的原始占卜形式，例如纳西族的贝壳卜、树叶卜、五谷卜，独龙族的水酒卜、蛋卜、竹卜，怒族的竹签卜、刀弓卜、棉纸卜，等等。可见，无论古今中外，以各种形式的占卜来探知自身

[1]〔苏〕托卡列夫:《世界各民族历史上的宗教》，中国社会科学出版社，1985年，第239页。

命运的行为是非常普遍的。这种活动所显示的,就是最为天然和朴素的命运观念。日后文化体系中复杂而崇高的"命"观念,就是从这些行为开始起步的。

二、龟卜与筮占——殷商至春秋时期的占卜系统

如前文所说,占卜在命运观念的形成过程中扮演了极为重要的角色。而在中国文化走出原始社会,进入更为文明的时期之后,占卜活动在国家决策以及人民生活中的重要地位,仍旧延续了很长的时间。我们知道,中国现今发现的最早文字,便是出现于殷商时期的甲骨文。这种文字之所以被叫作甲骨文,是由于它们都是被铭刻在龟甲或动物骨骼之上的。联系前文中所提到的中国古代的占卜风俗,不难联想到这些文字都与烧灼、钻凿甲骨用以占卜的活动有关。事实也证明了,至今发现的绝大多数甲骨文所记载的内容,都是占卜活动留下的卜辞,也就是对占卜过程及结果的记录。1979年出版的《甲骨文合集》中,将当时已经发现的甲骨文卜辞分为二十二个类别,包括对战争、农耕、渔猎、商旅、建筑、气候、生育等生活各个方面事务的占卜结果。可以说,在从原始社会进入文明时代之后,占卜活动不但没有消失,反而愈加兴盛起来,占卜涵盖的范围越来越大,几乎涉及从国家到个人生活的方方面面。

而另一个方面也能够反映出当时的人们对占卜的加倍重视,

那就是占卜的形式已经彻底体系化,其程序也有了严格的规范,不再仅仅是原始社会简单的烧牛骨了。那么在殷商时期,中国人是如何进行占卜的呢?史料的记载是这样的:当时的占卜主要有两种方式:一种是龟卜,另一种是筮占。龟卜即是继承了远古流传至当时的占卜传统,用龟腹部的平整龟板来进行烧灼,由专门的祭司观察烧灼裂痕来解读信息,从而预测未来的占卜形式。而筮占则是使用一定数量的筮草(一种比较常见的野草),通过筮草的排列组合来测算出固定的数字,以数字作为象征来解读信息,从而预测未来的占卜形式。这两种占卜方式并存于当时的社会之中,但二者还是有一定区别的。

首先,龟卜是一种非常古老的占卜形式,其出现时间远远早于筮占。在当时,用筮草占卜可以说是一种新兴事物,是新的流行趋势。从文献记载之中也可以得知,大致上殷商时期以及周代早期,仍旧是龟卜形式占据主流地位;而到西周后期以及春秋时期,筮占便已经逐渐显露出取代龟卜的发展趋势了。其次,值得一提的是,龟卜和筮占有着各自的特点。史料中有"龟,象也;筮,数也"[1]的说法。也就是说,龟卜通过观察烧灼裂痕来预知未来,其重视的是具体形态,即"象";筮占通过解读排列组合出的数字来预知未来,其重视的是数字,即"数"。而这二者的共存,即是"象"和"数"的共存。中国后来的"象数学",即是由此而得名的。最后,也是最重要的区别是,二者的地位也是有高低之分的。

[1] 杨伯峻:《春秋左传注》,中华书局,2009年,第365页。

例如《周礼·春官宗伯·筮人》之中有"凡国之大事,先筮而后卜"[1]的说法,以及《左传·僖公四年》中的"筮短龟长,不如从长"[2]。由这些记载可见,当时所说的"卜"仅仅就是指龟卜,而筮草占卜还不能被叫作"卜"。在预测重要的事情,例如国家大事的时候,要以龟卜的结果来一锤定音;而当筮占和龟卜的结果相矛盾的时候,也应该以龟卜的结果为准。也就是说,龟卜的地位远远高于筮占,它承载着久远的历史,在当时人们的心目中具有高贵隆重的品格,被用于决定重大事情的占卜活动之中;而筮占则没有那么隆重,并且由于材料非常易得、操作简便,也不需要太多复杂的程序,因此受到民间占卜的欢迎。当然,这种地位的区别也并非绝对的,史料中也有着王室宗亲用筮占来占卜国家大事的例子,只不过当时人们的心目中确实有着"筮短龟长"的文化观念。

从史料中记载的龟卜和筮占的具体实例来看,龟卜在殷商时代确实更多地被用于国家或王朝大事的占卜之中。这些占卜包括征讨他国、自然灾害、兴建土木等。周人也继承了这种传统。例如《尚书·大诰》中有这样一段记载:"已,予惟小子,若涉渊水,予惟往求朕攸济。敷贲,敷前人受命,兹不忘大功!予不敢闭于天降威用。宁王遗我大宝龟,绍天明。……我有大事,休,朕卜并吉。"这段记载所讲的是:周武王去世之后,有重臣谋反,周公准备领军去平定叛

---

[1] (东汉)郑玄:《周礼注疏》,上海古籍出版社,2010年,第289页。

[2] 杨伯峻:《春秋左传注》,第295页。

乱。在起兵之前，周公用周文王留下的"大宝龟"进行占卜，得到了"朕卜并吉"的大好结果。于是周公将这个占卜结果制作成诰文，在起兵时公布，让天下人都知道天命在自己这边，自己才是这场征伐中正义的一方。这次的占卜便是为了预知征伐的最终结果，并且这种占卜结果会成为重要的政治筹码，用以证明自身行动的正当性。在史料记载中，龟卜有时也被用于询问个人的私事。当然，能够用龟卜问个人私事的人必定地位非常高，且这种私事常常与国家命运有关。例如《尚书·金縢》中有这样的记载："既克商二年，王有疾，弗豫。二公曰：'我其为王穆卜！'周公曰：'未可以戚我先王。'公乃自以为功，为三坛同墠。……乃卜三龟，一习吉。启籥见书，乃并是吉。……王翼日乃瘳。"这段文字所讲的是，在攻克殷朝的第二年，周武王得了重病，一直不能痊愈。因此周公建立了祭坛，祈求先王周文王的在天之灵能够保佑武王痊愈。在祭祀中，用三个龟壳进行了三次占卜，所得都是吉兆。第二天，周武王便康复了。这次的占卜是为了预知一个人的健康状况，但一国之主的健康问题显然与国家命运紧密相关，因此可以使用龟卜这样隆重而正式的形式。到春秋时期，此类例子便有所增加了。例如《左传·僖公四年》中，"晋献公欲以骊姬为夫人，卜之不吉，筮之，吉。公曰：'从筮。'卜人曰：'筮短龟长，不如从长。'"这段文字非常好理解，是晋献公以龟卜和筮占两种方式对自己婚娶大事的吉凶做占卜，并得到了相互矛盾的结果。晋献公出于对骊姬的喜爱，想要以筮占的好结果为准，却被祭司劝阻了，理由是龟卜的地位高于筮占，应该以龟卜的结果为准。这个例子便生动直观地展现了王室宗亲的个人占卜活动，以及两种占卜方式的不同地位。

当然，在当时那样一个重视占卜的社会环境中，需要进行占卜的并非只有王室宗亲，普罗大众也一样有着这样的需求。但是由于当时进行龟卜的代价很高，需要符合很高条件的材料器具、正式的祭司以及复杂的占卜流程、解读流程等，普通人实施龟卜基本是没有可能的。因此，筮占这种形式才应运而生。用筮草进行占卜，材料不过是常见野草的长茎，非常易得，流程也相对简单，人人都可以操作，因此筮占这种形式受到大众的欢迎，也是顺理成章的事情。大量关于普通人以筮占形式进行占卜的材料，都保存在《易经》之中。例如"九三：君子终日乾乾，夕惕若。厉，无咎"，以及"九五：屯其膏。小贞吉，大贞凶"。这里虽然没有记载求卜者的名字以及所占卜的问题，但明确记载了筮占所得出的数字和对数字的解读结果，前者是吉的，后者则是凶的。在这之后的春秋时期，用筮占的形式占卜个人私事的材料就更加丰富了，可以明显观察到筮占这种形式逐渐风行，并渐渐取代烦琐的龟卜形式的过程。例如《左传·闵公二年》中的"成季之将生也……又筮之，遇《大有》之《乾》，曰：'同复于父，敬如君所。'及生，有文在其手曰'友'，遂以命之"，便是一个与国家大事并无关系的人，以筮占的形式预测自己即将降生的孩子是男是女、未来将会怎样、取什么名字更好等私事。以筮占预测国家大事，理论上来说也是有可能并且实施过的。毕竟，在《尚书·洪范》中已经有"择建立卜筮人，乃命卜筮"的文字，也就是说龟卜和筮占都是当时官方所承认的占卜方法，且官方的祭司也能够进行筮占。但是从史料来看，《尚书》和《易经》中都找不到此类的实例。由此可以推断，在殷商以及西周时期，以筮占的形式占卜国家大事还是比较少见的。但春秋以后，此类占卜便有所记载了。例如《左传·僖公十五年》中有："卜徒父筮之，吉：'涉河，侯车败。'诘之。对曰：'乃大吉也。三败，必获晋君。'"此段文字讲述的是，秦国和晋国交战，秦国的祭司用筮占的方式占卜，得到的结果是：秦穆公渡过黄河的时候，乘坐的车子会坏掉，但秦军会大胜晋军三次，必定能够擒获晋王。比起战争大势的良好走向，国君车子坏掉的不便也就不值一提了，因此占卜结果应为大吉。不过总体来看，以筮占来占卜国家大事的记载还是不算太多。这应该还是与当时人们观念中龟卜和筮占的地位有关。

由以上一系列的论述可见，龟卜在殷商到春秋这一段不短的时间内，一直是被人们作为最隆重、最正式的占卜方式而应用于国家大事的卜问之中的，它的发展可以说经历了一个由集中到分散的过程。在殷商以及周代前期的时候，权力仍旧是集中在王的手中，因此龟卜基本都由执政者一人发起，占卜的内容也都以国家和王一个人为中心；而到周代中后期及春秋时期，周王的控制力逐渐降低，权力逐渐分散到了诸侯们的手中，此时龟卜的发起者往往是诸侯国的执政者，占卜的内容也变得更多地与诸侯国和诸侯们的命运有关了。与龟卜相比，筮占的民间色彩更加浓厚，它被自上而下的社会各个阶层所接纳，用来卜问从大到小的各种问题，具有强大的生命力，且变得越来越风行。但无论是龟卜还是筮占，都继承了原始社会时期占卜活动的传统，背后也都有着非常强大的"命"观念。对命运的了解，对未来的探寻，是一切占卜行为的最终目的。如果人们的观念中没有所谓的命运，那么探寻未来的行为是不可能出现的。

三、成长为文化观念的"命"

人们对于命运与占卜的重视，催生了"命"作为一个语言文字的逐渐形成与意义演变。一个没有值得挖掘之处的文字，是不可能在日后成为文化体系中的核心观念的。而"命"这个字含义的逐渐发展、丰富，正赋予了它大量值得挖掘的内涵。因此，它才能够在哲学思想体系爆发性增长的春秋战国时代，完成它从占卜和信仰的对象，到哲学体系核心观念的转变。可以说，"命"这个字本身的丰富含义，是它最终成为一个重要的文化观念和哲学概念的坚实基础。这种文字含义的增长和丰富，与占卜体系的发展是同时的，二者相互催生，缺一不可。那么接下来，我们就逐层对"命"这个文字的含义进行分析，由此来剖析它能够成为一个核心文化观念的原因。

1. "命"字的本来含义

把"命"字和它的同源字"令"联系在一起，则其本义就会鲜明地呈现出来。从字形上来看，甲骨文中的"命"和"令"两个字字形完全一致（☝）：字顶端的三角形状，象征着一个大屋顶或大伞盖，三角形下方是一个人朝左边坐着的形态，象征着正在发出命令的人。金文中的"令"☝大体上与甲骨文中的"令"相同，只是其中的人形更加生动真切了。而金文中的"命"字☝字形有所变化，在左下角出现了一个"口"，强调发出命令的方式是言语。在小篆中的"令"字☝里，处于下方的"人"尽管是由金文直接演变而来，但已经开始逐渐变得抽象起来。到楷书的"令"字时，屋顶下的"人"已经完全看不出来了。而楷书的"命"字，其右下方的"人"则已经变成了"卩"。

由此可见，"命"和"令"两个字自古以来便意义相通。二者同为会意字，本义都是"命令"。《说文解字》中对"命"的解释是："命，使也，从口、令。"此处的段玉裁注说："令亦声，金刻多借令为命，史伯硕父鼎永令万年，是其征也。"[1]且"命"、"令"相互借用的情况在古籍中经常出现，例如《周礼·夏官司马·大司马》中的"犯令陵政则杜之"，注中便解释为："令，犹命也。"对于这种现象，王力先生认为："各组的字既是同源，读音相近，乃至相通，就不免有通用的时候。分用是常，通用

---

[1] （清）段玉裁：《说文解字注》，中华书局，2013年，第312页。

是变。例如'命'用作名词,'令'用作动词,这是常;'命'有时用作动词,'令'有时用作名词,这是变。"[1] 根据统计:"命"一字在《诗经》和《尚书》之中都各出现了四十多次,作为名词出现的情况较多,例如《诗经·商颂·长发》中的"帝命不违",《论语·子路》中的"不辱君命"等;而作为动词出现的情况也有,例如《尚书·尧典》中的"乃命羲、和,钦若昊天",《诗经·小雅·出车》中的"天子命我"等。但是,这一切并不意味着"命""令"的全部意义都是相通并可以互用的。二字只是在代指本义"命令"的情况下可以相互换用,而在以后的引申义、派生义上便产生了相当大的不同,不再能够互换了。[2]

从"命"的名词本义派生出来的词汇,往往保留了"命令"这一层含义,或多或少体现出命令之中上级对下级的地位差异,以及上级与下级之间授受关系的色彩。主要史料实例有:

1. "命"代指政府对百姓颁布的政令或法令。例如《周礼·秋官司寇·司盟》中的"盟万民之犯命者",此处的"命"代指的就是官方发布的法令。另外,《礼记·缁衣》中也有《甫刑》曰:"苗民匪用命。"此处的"命"同样是政令的意思。

2. "命"代指政府公文。包括发布法令、发布决定、赏赐或封爵等的官方文书。例如《文心雕龙·诏策》中的"昔轩辕唐虞,同称为命"、"其在三代,事兼诰、誓"、"降及七国,并称曰令"、"秦并天下,改命曰制。汉初定仪则,则命

---

[1] 王力:《同源字典》,中华书局,2014年,第65页。
[2] 雷淑娟:《说命》,《学术交流》,2001年第1期,第102页。

有四品：一曰策书，二曰制书，三曰诏书，四曰戒敕"等，其中的"命"都是政府发布法令的公文之意。又如《周礼·春官宗伯》中"典命"的"命"，即是指国君赏赐群臣或加封大臣的文书。

3. "命"代指封号或爵位。例如《论语·先进》中就有"赐不授命而货殖焉"的语句，此处的"命"就是指爵命。另外的用法，例如"命妇"，是指被国君或上级赐予了封号的女性；"命夫"与"命妇"相对，指受封爵位的臣子或士人；"命圭"，则是指国君赐给受封大臣的玉圭；"命服"，指国君按照等级赐给臣下的各类制服；此外还有"命家"，秦汉两朝时期，军功共分为十二个级别，获得第一级军功并且有爵位的人就被称为"命家"。这些词汇中的"命"都体现着"命"的本义所具有的上级与下级之间的授受关系。

2. "天命"与国运

前文已经论述过，"命"作为名词使用时，本义为命令，也就是上级对下级发出的指令。由这个名词性质的本义出发，"命"字直接衍生出了一个重要的引申义，即"天命"，也就是"上天的命令"。在人类逐渐发展并产生奴隶制度以后，社会出现了等级，且等级的划分日益明确与合理化。当时在地上的聚落中出现的拥有王权的王，是权力最大、能够主宰一切的人。因此，人们便幻想在天上也有一个主宰一切的至上神。在这种背景下，人们的精神寄托逐渐脱离了自然和自然神崇拜，抽象的、拥有具体人格的至上神就此出现了。这个至上的神,最初被当时的人们称为"帝",从商周时代开始又逐渐被称为"天"。一切自然现象以及人类社会的种种事件,都由这个至上神"天"掌握着,"天"的意旨和命令,即为"天命",是绝对不能够被质疑和违抗的。"天命"在古代宗教体系中,是一个重要的信仰对象。

尽管在后来的社会发展中,"天"已经不再是人格神的名字,但"天命"的绝对性和神秘性仍旧根植于社会意识之中,以至于历朝历代改换门庭的过程中,都要在"天命论"的基础上创造一个天赋君权的故事,以达到使君王争夺权力的过程和最终结果合法化的目的。这也就是百姓口中常说的"名正言顺"。例如,在《尚书·康诰》中有这样的话:"天乃大命文王殪戎殷,诞受厥命,越厥邦民。"也就是说,周朝是在上天的命令之下讨伐并替代了商朝,解救了受苦的国家和人民。周朝一位贵族召公,承认商朝也曾是拥有"天命"而统治国家的。但是由于统治者的无德,现在"天命"已经改变了。由此看来,"天命"不是永恒不变的,也就是所谓的"惟命不于常"。君王一味地仰赖"天命"是不可以的,因为上天是否保佑王权的正当性,主要看当权者是否有德行,即"皇天无亲,惟德是辅"。

因此,最初发展起来的命运意味的"命"观念,主要是与国家命运相关的,而不是与个人命运相关的。在周代的时候,这种与国家命运相关联的"命",已经在文献资料中普遍出现了。当时的统治者们也已经普遍对这种"天命"的更迭有所意识,并非常注重吸取前人的教训，希望同样的悲剧不会发生在自己和自己的国家身上。例如《尚书·召诰》中便记载了周公对夏、商两代王朝兴亡沉浮命运的考察，以及由此对自己国家的警示。周公的诰辞中有："相古先民有夏，天迪从子保；面稽天若。今时既坠厥命。今相有殷，天迪格保；面稽天若，今时既坠厥命。……我不敢知曰有夏服天命，惟有历年；我不敢知曰不其延，惟不敬厥德，乃早坠厥命。我不敢知曰有殷受天命，惟有历年；我不敢知曰不其延，惟不敬厥德，乃早坠厥命。今王嗣受厥命，我亦惟兹二国命，嗣若功。"其中的"服天命"、"受天命"，都是指一个国家的命运受到了上苍的认可和保佑；而"既坠厥命"、"受厥命"、"国命"等中的"命"，则指的是国家命运。从这些话中可以看出，当时的统治者面对天命时的虔诚和忐忑。天命对于一个国家和国家的统治者来说，是最强大的力量，也是最严重的不确定性。统治者只能尽心尽力、如履薄冰地治理国家，祈祷天命不会旁落，国运不会衰退。可以说，天命和国命这些观念的存在，对于统治者来说是最有力的鞭策，也是最有力的制约条件。

到了春秋时代，周王朝的中央制约力迅速下降，权力被各个诸侯国所瓜分，时代的发展进入了一个战事频繁、群雄逐鹿的阶段。大国之间相互角力，小国的命运更是风雨飘摇。在这种朝不保夕的环境之下，各种计策和战略发挥出了最大的力量，统治者纷纷开始意识到人的力量的强大。而人们的思想也随着各种学派学说的兴起，逐渐走出了对"天"的信仰。如此一来，天命、国运这些基于信仰文化的观念,就变得越来越淡薄了。这个时代的文献,例如《左传》《国语》之中,用"命"来代指天命、国运的例子也变得越来越少。仅有的一些实例包括《左传·宣公十五年》中的"后之人或者将敬奉德义以事神人,而申固其命,若之何待之"[1],《左传·定公十五年》中的"存亡有命,事楚何为"[2],以及《国语·吴语》中的"今王无以取之,而天禄亟至,是吴命之短也"[3]。前两个"命"可以作天命讲,也可以作普通的命运讲;后一个是明确指吴国的国运。

3. 个人命运

与天命、国运之类概念相对,"命"代指个人命运的情况自然也有,并且人们对它的重视程度是与对国运的重视程度成反比的。当社会环境极度重视天命和国运的时候,对个人命运的关注非常少。而在天命、国运受到的重视逐渐下降的过程中,人们对个人命运的关注则迅速地成长了起来。与个人的命运、命数相关的"命",在周代已经开始逐渐出现了。比如,在《尚书·吕刑》中有:"非天不中,惟人在命。"这便已经把个人的命运与上天的意志分离开来了。《诗·召南·小星》中也有:"肃肃宵征,夙夜在公。寔命不同!……肃肃宵征,抱衾与裯。寔命不犹!"[4]

[1] / 杨伯峻:《春秋左传注》,第62页。

[2] / 杨伯峻:《春秋左传注》,第1601页。

[3] / 陈桐生:《国语全注全译》,中华书局,2013年,第5663页。

[4] / 程俊英:《诗经译注》,上海古籍出版社,2012年,第217页。

这是在感叹地位高低的差距造成的个人处境不同，此处的"命"完全是指个人的遭遇。现在大多数学者倾向于认为《尚书·吕刑》是东周时期的著作，而《诗·召南·小星》一般被认为是平王东迁时期的诗歌。在这样的历史背景之下出现此类话语，正反映了周王朝统治力的下降，以巨大的王朝为核心的天命和国运观念正在渐渐衰退，人们对自我人生的关注、对自身命运的思考正在逐渐显现出来。当然，与此同时，占卜活动的重心也逐渐由对国事的占卜向对个人命运的占卜转移，筮占的逐渐风行也是同一时期的事情。

迈入春秋时代，"命"代指个人命运的用法已经比较常见，对个人命运的重视已经渐渐冲淡了天命、国运的观念。对于这种变化，《左传》中出现了大量的实例。例如《左传·成公四年》中有："季文子曰：'晋侯必不免。《诗》曰：敬之敬之！天惟显思，命不易哉！夫晋侯之命在诸侯矣，可不敬乎！'"[1] 这里的"晋侯之命"就仅仅是指晋侯一个人的命运。又如《左传·成公十三年》中有："刘子曰：'吾闻之：民受天地之中以生，所谓命也。是以有动作礼义威仪之则，以定命也。……今成子惰，弃其命矣，其不反乎！'"[2] 在这一段中，"民受天地之中以生，所谓命也"中的"命"指的是生命；"是以有动作礼义威仪之则，以定命也"中的"命"指的是广义的命运；"今成子惰，弃其命矣"中的"命"则是指个人命运。另外，比如《国

[1] 杨伯峻：《春秋左传注》，第818页。

[2] 杨伯峻：《春秋左传注》，第860-861页。

语·晋语二》中的"公子重耳出见使者，曰：'君惠吊亡臣，又重有命'"[1]，此处的"又重有命"，就是重耳说自己有回归晋国的命数，自然此处的"命"是指重耳一个人的命运。

到了春秋时代末期，个人的命运开始广泛影响历史的脉动。代指个人命运的"命"不仅在诸多记载历史事件的史料里频繁出现，更与迅速出现的各个思想学说体系相联系，呈现出系统性的、更富于哲学意味的"命"的概念。由此，"命"不再仅仅是一个文化意义上的观念，更成为中国哲学体系中的一个重要概念范畴。

4. "命"的引申意义——生命

代表"生命"含义的词汇，最早是在殷商时期的甲骨文和金文中被发现的。例如，在甲骨卜辞里便已经有"拜生"、"受生"等词汇出现。例如"丁酉卜，宾，贞妇好有受生"，以及"丁丑，贞其拜生于高妣丙、大已"，这里的"拜生"、"受生"便都有着生命之意。显然，在关注命运结果的占卜中，生命和寿命的问题是相当受到重视的一部分。而"命"与生命这一层含义相连接，并融入人们的命运观念之中，也是相当早的事。例如，《左传·成公十三年》中有"民受天地之中以生，所谓命也"[2]的说法，因此"受命"也就意味着人获得了生命。而"受命"这个说法早在武丁时代的卜辞中就已经出现了，例如"贞于受命"等。如果"受命"是意味着获得生命，那么"正命"就意

---

1 / 陈桐生：《国语全注全译》，第259页。

2 / 杨伯峻：《春秋左传注》，第860页。

味着安全地活到了自己应该活到的年纪,即颐养天年,或者寿终正寝的意思。例如,在孔颖达为《礼记·祭法》所作的注解中便有"受命谓年寿也"[1]的词句。由此可见,在殷商时期甚至更早的卜辞之中,"命"便已经与生命、性命的含义相连,并共同形成了当时的命运观念。古人普遍认为生命出于自然,得自上天,是上天造化的一部分。《礼记·祭法》中便有:"大凡生于天地之间者皆曰命。"既然生命本来就得自上天,那么生命本身也便是一种"天命"。人们既然在国家命运的问题上顺应天命,那么自然在自身生命的问题上,也会同样顺应上天的赐予。这样从"天命"到"生命"的思维脉络,应该比较接近古人思想的原貌,也比较符合词汇含义派生中相关性和联想性的逻辑走向。因此,"天命"、"生命"和"命运"三层含义在这里是交融在一起的。例如,《尚书·西伯戡黎》里记载的纣王所说的话:"我生不有命在天。"这里的"命"既指纣王自己的生命,也指纣王自认为自身所拥有的天命,同时也与纣王的命运乃至殷商的国运相关。

发展到春秋时期,文献中已经开始大量出现这类代指生命或性命之意的"命"了。《左传》中便有大量这样的例子。例如《左传·昭公十五年》中的"率义不爽,好恶不愆,城可获而民知义所,有死命而无二心,不亦可乎",以及《左传·哀公十五年》中的"无禄,使人逢天之戚,大命陨队,绝世于良",这两段话中的"命"就都是指生命。同一时期,《国语》之中也有类似的例子。

[1] / 杨天宇:《礼记译注》,上海古籍出版社,2004年,第411页。

例如《国语·晋语一》中的"君未终命而不殁，君其若之何"，以及《国语·吴语》中的"齐、宋、徐、夷曰：吴既败矣！将夹沟而廖我，我无生命矣"，也都是此类用法。值得注意的是，"命"的生命这一层含义，不仅仅是作为命运观念的附属品而存在的。它本身也成为中国文化中比较重要的观念，并对后世的中国哲学发展产生了影响。当人有限的生命，面临着无法与自身志向相融合的命运时，人应当如何面对命运？在生命与信念之间，人应该做出怎样的选择？日后中国哲学的各个学派，都将对这些问题做出自己的解答。这些内容，我们也将留到下一章节再仔细剖析。

5."命"和"名"

除了"令"这个同源字之外，"命"还有另外一个同源字——"名"。许慎在《说文解字》中对"名"的解释是："自命也，从口夕。夕者，冥也。冥不相见，故以口自命。"[1] 由此可见，"命"和"名"两个字在古代某些情况下是能够通用的。在陆宗达、王宁所著的《训诂与训诂学》一书里，专门有一篇论文名为《命、名、鸣、明义相通说》。文中指出："不论是同一典籍的一段文章的用词，还是不同典籍中相同字的异文，都以'命'、'名'相通用。这是因为'命'和'名'的意义都是从口之称，本可'互相置换'。"[2]

"名"这个字的本义是"标明"。在《释

[1]／(清)段玉裁：《说文解字注》，第185页。

[2]／陆宗达、王宁：《训诂与训诂学》，山西教育出版社，1996年，第68页。

名·释言语》就有提到,"名,明也,名实使分明也"¹。在《荀子·正名》一篇中也有:"故王者之制名,名定而实辨。"²在这里,"实"是指客观存在的事物以及人们现阶段的意识和认知,而"名"则是用来标明客观存在的事物及其相互关系,以及标明人们的意识和认知对象的名号。而由于"命"和"名"之间的同源关系,"命"自然也就出现了"名称"和"命名"的含义。例如,《韩非子·和氏》之中的"王乃使玉人理其璞而得宝焉,遂命曰:'和氏之璧'"³,其中的"命"便是命名的意思。后来,"命"字由"名称"、"命名"的含义又引申出了"著称"、"著名"的意义。例如《三国志·武帝纪》中的"天下将乱,非命世之才,不能济也"⁴,其中的"命"便是著名的意思。

在"命"增加了"名"含义的同时,"名"也沾染了"命"的含义,不再是单纯的事物称号,其本身也带有了一定程度的命运之意。由此,"命"和"名"便相互紧密联系了起来。此类实例在春秋及以后的文献中经常出现。例如《左传·桓公二年》中有这样一段话:"师服曰:'异哉,君之名子也。夫名以制义,义以出礼,礼以体政,政以正民。是以政成而民听,易则生乱。嘉耦曰妃,怨耦曰仇,古之命也。今君命太子曰仇,弟曰成师,始兆乱矣,兄其替

1 /(清)王先谦:《释名疏正补》,中华书局,2008年,第16页。

2 /(清)王先谦:《荀子集解》,中华书局,2013年,第401页。

3 /(清)王先慎:《韩非子集解》,中华书局,2013年,第95页。

4 /(西晋)陈寿:《三国志》,中华书局,2011年,第31页。

乎？'"这一段话的大意是，一个大臣对国君给孩子取名的思路感到疑惑。因为国君孩子的命名问题关系到外界对国家未来的想法。作为王位继承人的长子，按常识应该取一个吉祥而庄重的名字；而未来理应为臣的次子，则应该取一个低调一些的名字。这样在人民听起来理所应当，不会发生思想上的混乱。但现在国君给长子取了个不太吉祥的名字，而给次子取了个相当响亮的名字。这是非常不祥的事情，未来这位次子很可能取兄长之位而代之。由此可见，在当时的人们看来，"名"已经不单纯是对一个人的称呼了。其中包含着众多文化因素和可能引起的反响；更重要的是，它在一定程度上与被命名者的未来吉凶有所关联。也就是说，"名"的含义中已经有着"命"以及命运观念的深入渗透，二者是无法分离的。这种"名"与"命"相互关联的观念，至今仍旧存在于中国文化的血脉之中，可以从每一个人的姓名里寻到鲜明的踪迹。

6. "命"的动词引申意义

"命"字是一个会意字，以字体形状示意其自身的含义，代表的是一个从口发出命令的行为。它的动词含义也同样是指上级对下级发出命令。后来，这一含义由特指"命令"这一动作，扩大和引申为泛指由口而出的行为，即告诉、召唤、教诲等义。例如《尔雅·释诂》对"命"的解释中就有"命，告也"[1]。《国

---

1 / 胡奇光，方环海：《尔雅译注》，上海古籍出版社，2004年，第56页。

语·吴语》中的"吾问于王孙包胥,既命孤矣,敢访诸大夫"[1],其中的"命"便是"告诉"的意思。在《广韵·映部》对"命"的解释中有"命,召也"这一项。而《史记·平津侯主父列传》里就有"弘让谢国人曰:'臣已尝西应命,以不能罢归,愿更推选'"[2],此处的"应命"便是"回应召唤"的意思。在《广韵·映部》对"命"的解释中有"命,教也",即"教诲"这一项。而在"教诲"这一类含义中,"命"的本义里上级对下级的地位差距被淡化为长辈对晚辈的教导。例如《孟子·滕文公上》中的"夷子怃然为间曰:'命之矣。'"[3],此处的"命之"便是得到教诲的意思。而"命"作为"教诲"之意出现时,也可以是名词形式,其意义为尊者或长者的言论。例如《文选·潘岳〈闲居赋〉》中的"忝司空太尉之命"[4],其中的"命"便是指尊者所说的话。而我们现今仍然在使用的"父母之命,媒妁之言"这句话,其中的"命"也指这个意思。

由上级命令下级的意义又引申出上级对下级的"委任"、"任命"的义项。《韩非子·亡徵》:"出军命将太重,边地任守太尊,专制擅命,径为而无所请者,可亡也。"[5]三国魏徐干《中论·谴交》:"君子未命者,亦因农事之隙,奉贽以见其乡党。"《宋史·李纲传》:"中丞颜岐奏曰:'李纲为金人所恶,虽已命相,宜及其

[1] 陈桐生:《国语全注全译》,第586页。

[2] (西汉)司马迁:《史记》,中华书局,2010年,第2949页。

[3] 杨伯峻:《孟子译注》,中华书局,1960年,第229页。

[4] (南北朝)萧统:《文选》,中华书局,1997年,第472页。

[5] (清)王先慎:《韩非子集解》,第112页。

未至罢之。'""委任"、"任命"一般要以书面公文的形式出现，由此引申出用笔来完成的动作，如"命诗"、"命笔"、"命题"等。《文心雕龙·才略》："嵇康师心以遣论，阮籍使气以命诗。"[1]《南史·鲁广达传》："（广达）以愤慨卒，尚书令江总抚柩恸哭，乃命笔题其棺头。""命笔"时，大都要竭智尽力，成竹在胸。所以，又扩大引申为精心安排的行动——"备置"、"置"。《世说新语·识鉴》："遂命驾便归。"从"命"的动词意义的引申发展方向上来看，本义中上级对下级的色彩渐渐淡化，其意义对象也由特指某些人的行为引申扩大为泛指一般人的行为。

由以上对原始社会时期到春秋时期史料中所见"命"观念的梳理和剖析，我们可以探明在中国文化的早期，"命"这个观念究竟有着怎样的特点，社会的主流认识又是以怎样的态度来面对"命"的。也就是说，我们可以对这一段历史中的"命"观念做一个总结。事实上，不论是否准确，这样的总结在汉代便已经出现了。西汉的《白虎通·寿命》中便有"命有三科以记验：有寿命以保度，有遭命以遇暴，有随命以应行"[2]的说法。而从这以后，大量的学者对这个问题进行过探究和讨论，直到近现代，这样的探究仍然没有停止过。例如，傅斯年便认为中国人的"命"观念共有五个种类，它们分别是：命正论、命定论、命运论、俟命论和非命

[1]（南北朝）刘勰：《文心雕龙》，中华书局，2012年，第263页。

[2]（清）陈立：《白虎通疏证》，中华书局，1994年，第162页。

论。[1]由古至今，这些讨论和观念都各有自己的角度，也各有值得借鉴之处。事实上，不管将早期的命运观划分为多少个种类，人们对于命运关注的核心问题都是不变的。这些核心问题大致可以分为三个：首先，"命"是可以被预知的吗？其次，"命"是可以改变的吗？再次，"命"是道德的吗？而对于这三个核心问题的基本认知，在中国文化的早期其实便都已经出现了。可以说，从那个时代开始直到现代，人们对于命运关注的核心都是大致相同的。

  首先来看"命"是不是可以被预知的问题。显然，"命运可以预知"这种观念在原始社会就已经出现了。否则人们不可能会产生占卜行为，去尝试预测未来并为自己的行动提供帮助。齐家文化、龙山文化遗址中发现的大量占卜活动的遗迹，就是最好的证明。占卜文化在远古时期出现，在殷商乃至春秋时期发展到极盛，后来虽然略有衰退，但从官方到个人的占卜行为仍然都在延续，并一直延续到了今天。而"命运不可预知"这种观念则相对出现较晚，它的出现时间大致应该在西周末年或春秋时期。我们可以发现，"命运可以预知"的观念是与信仰文化如影随形的。当人们相信至上神意志的绝对性时，自然便出现了"命运是由神的意志所决定的"这样的想法，预知命运的努力，实质上是对神的意志的揣测。而随着春秋时代无神论思想风潮的出现，神的存在被质疑，"天命"的绝对性也逐渐淡化。人们不再相信神的意旨，而是开始相信自身的理性和信念。由此，"命运可以预知"这种观念自然被打破，

[1] 傅斯年：《傅斯年全集》（二），第597页。

"命运不可预知"的观念真正登上了历史舞台。当然，在我们上文所考察的原始社会到春秋时期这段历史之中，"命运可以预知"的认识占据着绝对的主流，"命运不可预知"的认识最初根本没有，它是在这段历史的末期才逐渐出现的。

其次来看"命运是否可以改变"这个问题。这里其实还隐藏着与之相关的另一个问题，即命运究竟是必然的，还是偶然的。考察与"命"相关的殷商时代到春秋时代的文献资料，我们可以发现当时社会记载下来的绝大多数情况，都只有通过占卜的方式预知命运的实例，而没有在知晓命运之后尝试改变命运的实例。因此可以说，当时社会的主流观念默认命运的必然性，认为命运是只能知晓，而无法改变的。这一点也是因为，在当时人们的心目中，"命"就是神的意旨和决定，而人的力量是不能够改变神的决定的。人们唯一为祈求好的命运所做的努力，就是用善行和美德来取悦神灵，以求神灵能够认同自己的行为和努力。因此，各朝各代的统治者才会显示出自己"有德"的一面，并兢兢业业地治理国家，以求神灵能够赐予自己的国家永恒不变的"天命"。但这些努力实质上都是在神做出决定之前。当神做出决定之后，再想改变这种决定，就是不可能的了。因此，对当时的主流意识来说，"命"都是必然的，没有偶然的"命"存在。"命"是偶然的、"命"是可以改变的，此类的想法和观念，出现的时间也比较晚，它们也是随着无神论思潮的兴起而出现的，对当时的社会来说应该算是一种新兴思想。

再次来看"命是否道德"这一问题。"命"是道德的,还是非道德的,这个问题实质上是从一种"是非"的视角来看待命运。将命运和道德、是非观念联系在一起,是从西周早期开始的。《尚书·召诰》中周公所说的话"相古先民有夏,天迪从子保,面稽天若;今时既坠厥命。今相有殷,天迪格保,面稽天若;今时既坠厥命",就是从道德的角度思考国家存亡兴衰原因的经典范例。这种思考方式在个人命运的方面也有出现。例如《诗·小雅·小明》中的"嗟尔君子,无恒安息。靖共尔位,好是正直。神之听之,介尔景福"[1],便是称赞一位君子具有良好的德行,并借此请求上天赐予其好的命运。事实上,道德因素的渗入为人们对命运产生影响创造了途径。如果没有道德标准,那么命运作为神的意旨,对人们来说就会是完全无从揣测的,这样一来,人们就会陷入彷徨和绝望之中。而有了这条途径,人们就会努力提高自己的德行,来取悦神灵,以便求得更好的命运。联系当时的"命"更多指天命、国运以及统治者命运的情况,我们可以说,道德标准与"命"的融合,成为限制统治者权力的枷锁,对权力的滥用起到了控制作用。尽管在这样的系统之中仍旧会出现不称职的国君甚至暴君,但自身无德就会失去天命的恐惧感必定会在一定程度上限制君王的行为。显然,这种恐惧感的源泉并非对无德的恐惧,而是对失去天命的恐惧。从根源上来说,仍旧是对神灵的恐惧。因此,"命"和道德标准所构成的系统,在产生之时,也是基于远古人们

[1] 程俊英:《诗经译注》,第471页。

的信仰观念的。但值得注意的是,在春秋中后期无神论思潮兴起的过程中,道德观念与"命"的联系不仅没有随着信仰的衰落而减弱,反而联系得更加紧密了。在无神论和理性思潮的影响下,"命"仍旧是道德的,只不过"命"的道德标准不再由神所决定,而是由人自身来决定了。人的自我觉醒,让命运和道德双双脱离了神灵的掌控,而回到了人自己的手中。这个过程与"命"从可预知到不可预知、从必然到非必然的过程是完全同步的。在这种转变之后,"命"对人们来说,便不再是神的意旨,而是更为自然性质的存在了。这样一来,"命"也就从一种信仰的对象,转变为一种文化观念,以及哲学概念范畴。

从以上三个问题出发,我们可以发现现实中两种命运观念的发展线索。一种是由"命运可以被预知"、"命运可以被改变"和"命运是神的道德标准所决定的"相组合而成的,将命运依附于对上天或神灵的信仰的线索。可以说,自古至今长盛不衰的占卜行为和民间的迷信传统,都由这一条线索衍生而来。它的运作原理主要是:建立一种与神灵沟通的桥梁来预知未来可能发生的事,并揣测神灵的好恶,通过各种方式取悦神灵或欺瞒神灵,来达到改善自身遭遇和命运的目的。这条线索的形成和运作原理,以及背后的深层心理,事实上在殷商时期便已经完全定型,在后世的发展中仅仅改变了外在的表象,而没有太多内在的变化。另一种是由"命运不能被预知"、"命运是非必然的"以及"命运由人的道德所影响"相组合而成的,将命运看作一种自然的存在,以理性和无神论的态度来看待命运的线索。¹ 这条线索在春秋时期便已经出现，在春秋战国百家争鸣的思想大爆发时期真正成型，并在日后的思想观念发展过程里，在无数思想家的手中不断丰富和成长，最终为自觉的人们提供了一种信念性质的精神支柱。从观念研究的角度来看，这两种线索并无明确的优劣。占卜与迷信的线索同样能够显示理性的观点和态度，从而产生积极的意义；自然和理性的线索也能够被赋予神秘主义的解读，从而进入某种虚无缥缈的状态。这两种线索由远古时代萌芽，一直延续到今天的我们身上，它们所构筑的"命"观念，至今还在影响着我们的行为和思想。

---

1 / 吾敬东：《中国人"命"即命运观念的形成》，《学术界》，2009年第4期，第118页。

第二章

"人能弘道，非道弘人"——孔子之"命"

上文已经提到，尽管"天命"观念很早就已经形成，但最初这一观念仍主要用于王权国祚方面，与普通人的命运并无直接关系。但是，随着时代的演进，到了周厉王、幽王的时代，由于政治黑暗、民不聊生，记载了大量民间俗曲的《诗经》中已经出现了大量质疑"天命"的声音。由此"天命"这一观念也渐渐开始走近了个体生命的现实。那么为什么这种转变会在西周末期大量产生并发展呢？上文中，我们也曾提及这个时代自然宗教向伦理哲学的转变，并将它作为人们逐渐开始关注个人命运的原因。但事实上，直到孔子的时代甚至以后很长时间，作为人格神的主宰之"天"的观念仍未彻底消退。因此，单纯传统天命观垮台以及古代宗教观念消退，并不能完全解释人们对个人命运的关注。更为现实的原因可能是：当时社会现实所造成的个人痛苦和生活困境，大大加强了人们对自身生活的关注，更推动了大量知识分子对这一层面的思考。

从厉、幽的时代开始，周王朝长期以来形成的敬天保民意识已几乎消失，由此而来的政治黑暗也使得传统天命观无法再承担沟通天人的重任，反而为广大民众带来了无法理解的人生苦难。由此，人们对"天"与"天命"产生了怀疑。显然，《诗经》中大量表达这类情感的诗句，证明了这种怀疑的逐渐盛行。由此，人们从对"天命"的盲目信从和期待，走向了怀疑和绝望。而当这种怀疑和绝望走到极致的时候，代表个人的"命运"之"命"才真正成为一个社会观念。正因为社会矛盾的加剧和上面所论述的心态转变，才有了春秋时期个体的觉醒和哲学、道德的形成。在这个时期，"命"的命运之意和它以个人为主体的特点，已经成为当时知识分子阶层的基本共识。"命"对于个体生命来说，既包含了先天禀赋，又包含了后天的际遇、生命的寿夭，甚至包含了社会现实这一个体完全无法驾驭、无从掌控的趋势。这种"命"的内涵，虽然是先由儒家所表达出来的，当时却也是不少学派的基本共识。

儒学正是在这样的社会环境之下诞生的。自诞生之日起，这种学说便坚信着人类的善性，并用自身积极勇敢的人生观激励了无数知识分子和仁人志士。对于限制着个人的生命，给人们带来无数痛苦的"命"，没有人比生于乱世、年少贫贱的孔子体会得更加深切了。正是在这种对"命"的深切体验和不息的抗争之中，孔子提出了他的"命"论。《论语》中有关"命"的论述多达二十四次。而这些与"命"有关的论述，按照含义的区别，可以大致分成以下三类：第一类是代指生命的"命"，第二类是代指使命的"命",第三类是代指命运的"命"。而生命、使命、命运三个含义,一方面基本上涵盖了"命"这个字本身的含义,另一方面也同时涵盖了人类社会生活有关"命"的全部内容。人本身作为一个自然的存在,首先必定是拥有生命的,与此同时也总有一天要面对死亡,因此必须认知和思考自身生命和死亡的问题;其次,人是作为个体而存在于群体之中的、无法孤立于周边环境的存在,因此必须认知和思考自身与社会的关系问题;再次,人也同世间万物一样,身处巨大而不可抵御的自然规律之中,作为天道循环中的一个分子,人类必须认知和思考这些超乎自身控制能力的力量,并学会面对这些力量。《论语》的文本,通过记述孔子有关"命"的言行和论述,诠释了孔子有关"命"这一概念的思想体系和思维方式。

一、对生命本身的思考和诠释

代指"生命"或"寿命"的"命",在《论语》文本中共出现了四次。尽管出现频率比较低,但这四次的文本都具有比较高的分析价值。四次之中,有两次是在感叹生命的短暂,而且连语句都是相同的:"不幸短命死矣。"[1]另外两次则是孔子自己选择放弃了生命,使用的语句也非常相似,即"见危授命"(另一处为"见危致命")[2]。一方

1 / 李泽厚:《论语今读》,安徽文艺出版社,1998年,第146、256页。

2 / 李泽厚:《论语今读》,第331、430页。

面感叹生命的短暂,另一方面又在某些条件和原则的基础上主动选择放弃生命,这种似乎有些矛盾的态度,却确确实实是孔子所认同的面对生命、寿命之"命"的态度。而这种态度,也是孔子所持有的"命"论的开端。

从人生苦短的感叹到"见危致命"的选择,其实明确显示了一点,即:当人们认真思考关于"生"的问题时,其实是在思考关于"死"的问题。也就是说,如何生存与如何面对死亡,这两个问题是无法分裂的,必须联系在一起进行认知和思考。而孔子以及早期儒学思想在面对这个问题时的基本原则,是珍惜生命,努力生活,以凸显生命的价值。不少人对儒学思想存在两种方向不同的误解:一方面,有很多人认为儒学就是"一箪食,一瓢饮,在陋巷,人不堪其忧,回也不改其乐"¹的,也就是一种重视精神世界而无视物质世界、身处俗世而不与其融合的不食人间烟火学说;另一方面,也有很多人认为儒学是强烈提倡"杀身以成仁"²、"舍生取义"³的,也就是一种将社会责任远远置于个人生命之上,强调国家、社会责任远胜于强调个人愿望的爱国主义学说。事实上,孔子以及无论哪个时代的儒学思想,都是强调珍惜自身生命、努力生活的。例如《论语·乡党》之中有这样一段故事:"厩焚。子退朝,曰'伤人乎',不问马。"⁴也就是说,孔子退朝之后,听说马厩

1 / 李泽厚:《论语今读》,第152页。

2 / 李泽厚:《论语今读》,第359页。

3 /(南宋)朱熹:《四书集注》,凤凰出版社,2005年,第351页。

4 / 李泽厚:《论语今读》,第247页。

起火，于是询问有没有人受伤，而没有问马的死活。这种行为，放在当代似乎应该受到动物保护主义者的批判，但我们必须将其放到当时的社会环境中来看，才能理解孔子的行为真正代表的意义。我们知道，孔子所生活的时代是一个阶级地位分明的时代，极少数的贵族掌握着绝大多数的社会资源，而绝大多数的平民通过劳动或劳役来支撑和侍奉贵族的生活。上朝之处的马厩，可想而知是贵族甚至王室的马厩，其中的马自然是贵族所拥有的财产，马厩里负责照顾马的人，则是为贵族服务的平民，也有可能是奴隶。在这种情况下，那个时代的绝大多数人在马厩起火之后，都会先询问马的死活。因为其中如果有哪位贵族特别喜欢的马，那么贵族得知马死之后震怒，让马厩里的全部工作人员以命抵马，是完全有可能发生的事。对于当时的贵族来说，一个服务人员或是奴隶的生命，其价值是抵不上一匹好马的。而孔子的认知则与这些贵族相反。他在发生火灾之后只问人，不问马，意味着他认为人不论地位高低，其生命都是非常珍贵的；另一方面，这也意味着孔子并不看重所谓贵族的权势，不会因为一匹马属于某个贵族，就认为它的生命比人命重要，尽管可能是某个奴隶的生命。由此可见，孔子不仅非常关注人类的生命，而且还平等地关注人类生命。这种对个体生命的平等的珍视，已经远远超出了他所处时代的主流观念。

不过，尽管孔子非常重视自然生命的平等，但也并不意味着孔子认为自然生命就是人生唯一的意义。在孔子看来，活着，并且有意义、有价值地活着当然是非常重要的，但生命的意义并不仅在于活着，也在于死；生命的重要，不仅在于活着要有意义、有价值，其终结也需要有意义、有价值。因此，人不仅要选择如何生存，也要选择如何死亡。《论语》中因此有"见危授命"、"士见危致命"的语句，这些语句中的"授命"、"致命"都意味着放弃自己的生命。但这里有一个前提条件，人不是随随便便就可以放弃自己的生命的。是否要"授命"、"致命"，首先在于是否面临了"危"的状况。那么孔子所说的"危"是说什么处于危险的境地了呢？是自身的"仁"处于危险的境地。

"仁"是人之所以为人的根本，也是孔子的终极所求。以"仁"而生和为"仁"而死，在"仁"的实践之中具有同等重要的意义，因此孔子才会有"杀身以成仁"[1]这样的说法。"成仁"，即是对"仁"的承诺，它承诺了自身生存的意义，也承诺了自身终结的释然。生与死的意义都在"成仁"之中得到了明确和完满。"君子无终食之间违仁，造次必于是，颠沛必于是"[2]，这正是对"成仁"的诠释。人在不断接近"仁"的过程中，一步步突破"小我"的狭隘，走向"大我"，也就是"圣人"的境界，以及"仁"的境界。杨国荣先生曾言："正是仁道原则从总的趋势上定下了儒家价值体系的基调，并赋予了儒家以不同于其他学派的特点。"[3]儒学便是这样，将对个体生

1 / 李泽厚：《论语今读》，第359页。

2 / 李泽厚：《论语今读》，第104页。

3 / 杨国荣：《善的历程——儒家价值体系研究》，上海人民出版社，2006年，第14页。

命的执着和对死亡的恐惧，消解在对于"仁"这一永恒价值的追求之中，并以此来实现个体生命的意义以及个体生命消亡的价值，从而达到有限生命与无限意义的统一与融合。[1]如果将这种对"仁"的不懈追求称为"内圣"的话，那么从孔子所说的"杀身成仁"，再到孟子所说的"舍生取义"，可以观察到儒学中"内圣"这一脉思想的走向。这种对"内圣"的追求与实践在儒学此后的发展中得到了进一步的彰显，到宋明理学之时达到极致。这种思想至今仍然延续在中华民族的血脉之中。

孔子一直以来都持有"朝闻道，夕死可矣"的人生态度，而其中的"道"，实际上所指的就是对"仁"的追求。这是孔子以及在后世儒学之中一直延续着的、特殊形式的终极关怀，它连接着人的生与死，并贯穿人的整个生命过程。"终极关怀"这个词，是在二十世纪中叶由西方神学家蒂利希提出的。蒂利希认为，"信仰就是终极关怀的状态"[2]，而"终极关怀"即是人类的终极存在意义。所以蒂利希认为，"'存在还是不存在'，这个问题是一个终极的、无条件的、整体的和无限的关切之问题"[3]。蒂利希对于"终极关怀"的诠释方式显然有着浓厚的基督教神学色彩，但这并不意味着"终极关怀"就是只能由基督教神学来使用的词语。大多数哲学学者，都是在神学之外的、更广泛的意义上来使用"终极关怀"这个

---

1 / 郑晓江：《善死与善终——中国人的死亡观》，云南人民出版社，1999年，第5页。

2 / Paul Tillich, *Dynamics of Faith*, Happer&Row, 1957, P1.

3 / Paul Tillich, *Dynamics of Faith*, P14.

词的。在排除神学或有神论的背景之后,从广义上来说,"终极关怀"就是人类从有限的现实生活跨越到无限的广大世界的过程,是人类理性对自身生命意义的自觉追问。这样的追问显然并不只存在于西方文化之中。在中国古代思想里,"终极关怀"的内容非常丰富,而儒学思想在其中提供了大量至今都值得借鉴的思路和观点。通过上文的论述已经可以知道,在《论语》之中,孔子有关"命"的论述就恰恰展现了他对人类生命意义的终极关怀。当然,孔子和儒学思想尽管重视生也重视死,但对于生和死的态度仍旧是有所偏向的。从"未能事人,焉能事鬼"、"未知生,焉知死"等大量论述中,我们能够察觉孔子以及儒学思想对生的关注远远超过对死的关注。

二、对社会使命的思考和担当

孔子和《论语》通过对生命由始至终的探讨而引出了对于"仁"之境界的追求,并将这种追求转化成了对人类生命意义和死亡意义的终极关怀,人因此而拥有了"仁"这一精神支柱,从而获得了生命的内在价值。那么另一方面,对自身社会使命的思考和担当是这种终极关怀的外化,是儒家所承认的生命内在价值在社会角度上的展现。这种展现的具体形式,即是"义"。"'义',可以译作'正义''适宜''合理''恰当''公理''规则''应当'等等,'义'源出于'杀',……具有某种外在强制性、权威性或客观性,……就个体说,便成为行为的准则、规范、义务、责任。"[1] 孔子以及后期儒学所认同的生命价值的外在展现,便是"士"这一阶层对于"义"的自觉实践。而这种对"义"的自觉实践,主要表现为对社会、政治使命的担当意识。

《论语》之中的"命"字用作"使命"、"命令"之意的情况共出现了十次。其中,明确作为"使命"之义的共有七次,其他的三次意为"公文"、"命令"等。从这些将"命"作为"使命"之意而使用的语句和段落中,我们可以察觉孔子对于执行政治使命、社会政令等的真实态度。例如《论语·乡党》之中的段落:"君召使摈,色勃如也;足躩如也。揖所与立,左右手,衣前后,襜如也。趋进,翼如也。宾退,必复命,曰:'宾不顾矣。'"[2] 这一段话的意思是说,当国君召孔子去接待宾客时,孔子的神态立刻变得很庄重,脚步也变得轻快了起来。向身边的人作揖时,尽管手臂左右挥动,衣衫也前后摆动,但却丝毫不乱;快步走的时候,姿态就像鸟儿张开双翼。让宾客满意离开之后,必定会向国君回报:"客人已不再回头张望了(即客人已经满意地离开了)。"这一段记述非常有视觉效果,孔子接待宾客的姿态和神情栩栩如生地展现在读者的眼前。而在现代读者看来,孔子的姿态简直是一种舞台表演,与现代的社会交往相比,显然是非常夸张的。但这便是当时的"礼",是国君的使者接待外来宾客时应该展现的姿态。尽管当时已经是礼崩乐坏的时代,人

[1] 李泽厚:《论语今读》,第43页。

[2] 李泽厚:《论语今读》,第240页。

们并不再像过去一样重视"礼"的实行,甚至在某种程度上蔑视旧有的"礼",但孔子仍旧坚持这样去做。这是由于孔子认同"礼",也是由于孔子面对社会使命时极度认真的态度。这种认真的态度透视出来的正是"义",而这种义实际上是"天命"的外在表现。

在《论语·子路》中有着这样一段对话:"子贡问曰:'何如斯可谓之士矣?'子曰:'行己有耻,使于四方,不辱君命,可谓士矣。'曰:'敢问其次。'曰:'宗族称孝焉,乡党称弟焉。'曰:'敢问其次。'曰:'言必信,行必果,硁硁然,小人哉!抑亦可以为次矣。'曰:'今之从政者何如?'子曰:'噫!斗筲之人,何足算也?'"[1]这是一段师生问答,问答的双方是孔子和学生子贡,问答的主题便是"士"。我们知道,在孔子生活的时代,由于私人教育的逐渐兴盛,文化知识由上层逐渐传播至下层,更多的人拥有了接受教育的机会;而礼崩乐坏的社会环境,也使得知识分子逐渐脱离了国家的控制,大量的自由知识分子开始自主寻找志同道合的主人并受其供养,为其服务。因此,尽管"士"这个阶层最初是指有一定地位、受过文化教育却并未为官的贵族阶层,但其随着社会环境的变化,逐渐演变为知识分子阶层的代称。这个过程是从孔子生活的时代逐渐开始的,孔子和他的弟子们都有着自己作为"士"阶层一分子的自觉。在上文这段问答中,子贡就是在向孔子询问,怎样才能算作一个合格的"士"。而孔子的回答分为三个层次:最低的一个层次,是"言必信,行必果",说到就一定做

[1] 李泽厚:《论语今读》,第316页。

到,做了就一定坚持到底。孔子认为这与更高的两个层次相比尽管不值一提,但也勉强可以作为"士"的最低标准;比这更高的一个层次,是"宗族称孝焉,乡党称弟焉",即在前一个层次的基础之上,做到了家族内外的"仁爱",能够非常好地处理各种人际关系,并受到大家的好评;而最高的一个层次,即一个完全合格的"士"的层次,是在前两个层次的基础之上,做到"行己有耻,使于四方,不辱君命",即真正承担起自己的社会责任和政治使命,为君王、国家效力,在使命中实现自己的人生价值。从这一段对话之中,我们可以清楚地观察到孔子所认同的"义"的意义。

在现代人看来,可能最无法理解的,就是孔子将"不辱君命"一点放在最重要的位置上。古人真的如此重视臣下对君王的忠诚和负责吗?这难道不是一种愚忠的表现?是的,孔子确实极为重视君王对"士"所下达的使命。但这并不是一种愚忠,因为此处的"命"并不仅是来自君王的,它是连接天与人的"命",在当时的思想背景下,将其理解为"来自上天的使命"更为合理一些。在《论语》全文之中,复音节词"天命"尽管只出现了三次,但单音节词"天"却总共出现了十九次之多,且其中有十六次明确是"天神"或"天理"之意。[1]《论语》之中的"天",大多是道德之天,而不是意志之天。也就是说,"天"在孔子的话语系统之中并不是一个人格神,它更多是指人们心目之中至高无上的道德准则。例如,

---

1 / 杨伯峻:《论语译注》,中华书局,1998年,第223页。

第二章
"人能弘道,非道弘人"——孔子之"命"

王孙贾曾问过孔子"与其媚于奥,宁媚于灶"这句话是否有道理。实际上,这句话是当时民间的一句俗语,意思是与其供奉掌管生死祸福的奥神,还不如供奉掌管衣食温饱的灶神更实在。事实上,对于当时温饱都很成问题的普通百姓来说,这确实是一句大实话。但孔子则不是从这个角度去理解的。他回答道:"不然。获罪于天,无所祷也。"[1] 也就是说,这句话是不对的。如果一个人真的做了什么伤天害理的事情的话,再祈祷也是没有用的,上天不会保佑你的。从中可以看出,孔子所认知的"天"已经不再是过去作为人格神的、有明确赏罚意志的"天"了。孔子的"天"更近似于一种绝对的、超越于人类社会之上的准则,遵守它可以得到深刻的内心安宁,违背它则会"获罪"。并且它没有自己的意志,因此谄媚于"天"是没有用的,"罪"无法通过谄媚而轻易摆脱。孔子对于"天"的论述,彰显了道德之天,即"孔子所说的'天命',不是别的,就是天德"[2]。因此,孔子所说的"知天命"也并非指知道了上天的意志,而是指真正明了了上天赋予自己的使命。这样一来,过去人对天的仰视,转化成了现在人对自己使命的担当意识。而"士"阶层的精神"义",便是以这样的担当意识为中心的。因此我们说,孔子第一次发现了"人"。

当然不能否认的是,孔子的"天"论之中仍然保留着一些旧有的宗教因素。但是这种"天"论象征着思潮由"天"向"人"、由宗教信仰向

---

1 / 李泽厚:《论语今读》,第88页。

2 / 赖永海:《佛学与儒学》,浙江人民出版社,1992年,第132页。

哲学思考的转变。[1] 从此,"天命"不再是神明对人的模糊启示,而是人自觉认知到的神圣使命,所以孔子才会说"畏天命"。这里的"畏"当然不是过去人对于上天的莫名恐惧,而是一种敬畏的情感,也是对"天命"的担当精神。[2] 这样一来,"知天命"也就成为"畏天命"的前提条件。由此可见,所谓的"不辱君命",一方面是对君王的敬重与负责,另一方面也是一个社会人对自身社会责任的担当意识。这便是当时知识分子阶层"士"的核心价值,也是后世儒学一直认同的人的社会价值。这也是儒学终极关怀的另一种状态,即所谓的"外王"。由"内圣"出发而展现为"外王",这是儒学的理想,也是儒学终极关怀的基本思路。这种思路的开端则是"天命"的内化和自觉,在内心的层面上觉悟为"止于至善"之"仁",在社会的层面上彰显为"平天下"之"道"。内圣外王是自古以来儒学的终极目标,这种目标代代相传,直到今天仍然是中国人的主流人生理想。

三、对命运的思考和安顿

对一个人来说,生是其人生中最大的偶然,死是其人生中最大的必然;喜怒哀乐、福祸寿禄等万事万物都如同幽灵一般,无法把握又让人牵肠挂肚。正是对于这一切的关注,人们才从远古时代开始就热衷于预知

1 / 赖永海:《佛学与儒学》,第18页。
2 / 徐复观:《中国人性论史——先秦篇》,第75页。

未来、卜算命运。而跳脱出宗教和信仰之外的哲学，也必定要对这些一直困扰着人类生活的问题做出自己的解释，亮明自己的态度。这同时也是对于世俗人生整个过程的关切，它也是人类终极关怀的一个重要组成部分。《论语》也不例外。《论语》文本之中，"命运"之意的"命"总共出现了十次，在全部概念之中出现频率比较高。那么"命运"之"命"在孔子的思想中究竟是一个怎样的存在？孔子又认为人们应该以怎样的态度来面对宛如幽灵一般的它呢？

《论语·宪问》中有这样一段对话：孔子的弟子子路在鲁国为官时，有一个叫作公伯寮的人向鲁国国君说了子路的坏话，而鲁君因此对子路产生了怀疑。鲁国的大夫子服景伯听说此事之后，私下告诉了孔子，并说："夫子固有惑志于公伯寮，吾力犹能肆诸市朝。"也就是说，虽然我不能影响鲁君的想法，但是我可以让口出妄言的公伯寮受到惩罚。但孔子却回答说："道之将行也与，命也；道之将废也与，命也。公伯寮其如命何！"[1] 从这个回答里，可以看出很多信息。首先，孔子非常了解自己的弟子。他清楚，子路为官并不像其他人一样是为了功名利禄，他是为了将自己的"道"推广到天下而担负官职的。因此，小小的一句坏话，或是寻常的官场挫折，甚至危及生命的祸患，对子路来说都不真正值得在意。他真正在意的，就仅仅是自己的"道"能否推及全国乃至天下，以及自己能否真正担负起"天命"，也就是自己的社会责任。子

[1] 李泽厚：《论语今读》，第347页。

路这样的为官目的，显示了"士"的抱负和担当，是受到孔子高度评价的。其次，孔子认为子路的"道"是否能够真正推行，是由"命"决定的。尽管子路已经为"道"的推行而努力了很多，付出了很多，但其最终是否能够被鲁君所接受，被天下人所接受，其决定权仍旧在于"命"。再次，孔子认为公伯寮说坏话这样的事情，根本不能影响"命"所导致的最终结果。如果"道"最终不能推行的话，其原因也不会是小人说坏话，而会是"天命"不至。

由以上分析可见，在孔子的话语系统之中，"命"、"天命"、"命运"三个词语的意义是有联系的，却也有着微妙的差异。因此"命"、"天命"和"命运"三个词语之间的关系还是有必要好好推敲一番，不可以直接认为三者相同。在上面提到的段落之中，"命"显然是决定"道"是否能够推行的决定因素，"天命"是指子路身负的职责，"道"最终能否推行的结果则是"命运"。考察段落中的文句，"命"在其中的意义非常类似一种偶然性，是人类所不能把握的东西。但是就像前文中已经论述过的，"命"与"天"之间有着紧密的联系，当"命"由天降落到具体个人的身上，被人自觉承担起来时，这种"命"对于这个人来说便是"天命"。就好像子路担负起自己的"天命"一样，这是上天赋予子路的使命。这种来自上天的使命落入现实，与时运等因素相交汇时，便构成了"命运"。如果说，"天命"是人类个体所应承担的必然使命，而"命运"则是这种使命在现实中能够达成的最终结果的话，那么"命"也就不可避免地拥有了某种必然性。这种"必然

"性"的源泉，即是人类所禀赋的，来自上天的"命"。而"天命"的必然性与现实时间的不可逆性又构成了人们口中的"命运"。由此可以说，"命"实际上是"中性"的，本身并没有好坏之分，它的好坏完全在于人的使命是否逢时，而是否逢时这一点则是完全偶然的，这便是"命运"的偶然性。

由以上一系列分析可以看出，"命"、"天命"和"命运"三者之间虽然存在内在的关联性，但实际上却完全不同。由此，孔子说："道之将行也与，命也；道之将废也与，命也。公伯寮其如命何！"这句话之中，"命"同时具有"天命"和"命运"的双重内涵。一方面，"命"是来自上天的使命，对于个人来说，是必须去认知和承担的责任，这样的必然使命是公伯寮一个人的力量所无法左右的。另一方面，"命"必然受到时运的影响，来自上天的使命能否真正实现，尽管需要个人的不懈努力，但更在于时机是否恰当，这样的时运，也并非公伯寮一个人所能左右的。人们往往由于孔子曾经说过"亡之，命矣夫！斯人也而有斯疾也"[1]、"道之将行也与，命也；道之将废也与，命也"[2]等话语，而认为孔子是一个宿命论者。其实这是不正确的，是对孔子言论的断章取义。孔子和之后的儒学思想家们，在面对"命运"的时候，更多提倡和彰显的是人类的"理性的自觉"。正如崔大华先生所说："'命'之超越性就内在于人的气禀和德性之中；'命'之必然性实际上是在生命源头处的偶然性和在终点显现

[1] 李泽厚：《论语今读》，第151页。

[2] 李泽厚：《论语今读》，第347页。

的一次不可逆性。"[1] 命运的偶然性不过是一种必然、自然的现象，而不是必然本身。因此，"命运"并不是主宰着人类的一切，"命运"的偶然性只是源于时间的不可逆性，它根本不是什么上天的意志或上天的安排。

那么，人类究竟应该以怎样的态度来面对命运呢？对于"命"这种人生之中必然存在的偶然，孔子在《论语》的记载中采取的态度是这样的：一方面，悬置自己的"命"，不再予以它太多的关注。孔子所说的"知之为知之，不知为不知"中体现的一贯精神便是如此，即不再争辩命运的有无，也不让对命运的怀疑和不确定感影响自己的人生和合理的生活。这便是儒学的理性精神，孔子极少论述有关"怪、力、乱、神"[2]的事情就是因此。当然，这样"存而不论"的态度，并不能将命运从人类的实际生活中消除掉。因此孔子在不得不面对命运的无奈时，有时也会生发出"亡之，命矣夫"一类的悲伤无奈的感慨。而这类感慨，也是孔子自己内心深处的某种隐性宗教情怀的呈现。人无法抓着自己的头发将自身拔起，既然生于此世，就必然会受到具体生活环境的影响。孔子也不可能例外。在当时仍然存留着信仰意识和宗教观念的社会大环境中，孔子对于命运的态度也不可能彻底地背离当时的主流思想。但是，在孔子的话语体系之中，这类对"命"的感慨也就仅仅是停留在感叹的层面上，孔子并不允许其真正影响到自

1 / 崔大华：《人生终极的理性自觉——儒家"命"的观念》，《孔子研究》，2008年第2期，第4页。

2 / 李泽厚：《论语今读》，第184页。

第二章
"人能弘道,非道弘人"——孔子之"命"

身的合理生活。因此,尽管对"命"有着无奈的感慨,孔子仍旧不断强调着人类自身的能动性,不断用自我的合理生活方式和悬置命运的态度来对抗命运给人带来的恐惧和虚空。这就是孔子和后世儒学对"命"这个问题的安顿。

从儒学的观点来看,人类在命运的面前并非只能听凭其摆布而束手无策。因此孔子才说:"赐不受命,而货殖焉,亿则屡中。"[1] 孔子的弟子之中,有很多具有各方面才华的人。例如颜回,便是孔子认为在德行方面天赋极高、修养也极深的人。孔子和他的弟子们,都以弘扬自己师门的"道"为自己的使命;而他们也清楚地知道,在当时的社会环境之中,真正实现这样的理想是不可能的,"道"的实现并不具有社会现实层面的机会。因此,孔门弟子们必须要面对的命运,就是他们无法实现自己的理想。并且由于这种理想不符合当时君主们的要求,孔子和他的弟子们也就无法获得功名利禄。但端木赐,即子贡,则选择了"不受命",就是说他不接受命运的摆布,不接受自己不能实现理想、必须安于清贫的现实。因此他成了一个大商人,熟知市场行情,对商机的预测常常很准。就算子贡同样不能实现师门的"道",但他至少改变了清贫的生活状况。诚然,命运的偶然性是永远都存在的,人无法改变它,也无法真正知晓它;但人生的价值并非来自命运,而是来自人面对人生的态度及其行为。因此,即使人不能掌握命运,也能够创造自己人生的价值。在后世儒学之中有这样一句经典的话,即"圣

[1] 李泽厚:《论语今读》,第264页。

人之于命，安之矣，实不以命为准也，而以义为准"[1]。也就是说，对于真正通透的人来说，命运的存在与否已经没有关系了，只要遵循自己所认同的行为准则"义"生活下去，本身就已经是对命运的一种回应。这样一来，孔子和后世儒学便通过行"义"悬置了人生之中命运的存在，并由此创造出了人生的价值所在。孔子和他的弟子们的政治理想是否真的能够实现，看似是命中注定的，但实际上这不过是一种偶然的因缘际会而已。只是由于时间具有不可逆的特性，于身处时间流之中的人类看来，最终出现的一个结果就是必然的了。因此，尽管命运偶然性对于人类来说是无法改变的必然，但这并不意味着就应该任凭命运去主宰自己的人生。因此孔子说过，"人能弘道，非道弘人"[2]，也就是说，人才是自身理想的主体，理想的实现是人的努力所换来的结果，而不是命运的赏赐。人类应该在认识命运偶然性的基础上承认这种偶然，并不断向着自己所希望的方向努力，由此才能真正寻找到自己的安身立命之所，并创造出自身存在的价值。后世的儒家学者经常提到"立命"、"造命"等对抗命运的行为和态度，这些态度都源于《论语》对命运与人生价值的解析，构成了儒学对人类生活的一种自觉。

[1] 李泽厚:《论语今读》，第348页。

[2] 李泽厚:《论语今读》，第372页。

四、孔子和其弟子们面对真实的命运

孔子并非如同现在多数人所认为的，拥有

一个文弱的书生形象。孔子的父亲名叫叔梁纥，是鲁国一位有名的勇士，力大无穷，相当魁梧。叔梁纥的第一位夫人生下了九个女儿，一位妾室生下了一个儿子，但这位儿子足部残疾。按照当时的习俗，女儿们和有残疾的儿子都不适宜继承家业。幸而叔梁纥晚年与一位年轻的女子颜氏生下了孔子。孔子继承了父亲身为著名勇士的血缘，长大成人后，他身高九尺三寸，按今天的计量方法应该在一米九左右，且臂力很强，酒量也超乎寻常，与流传后世的文弱书生、慈祥长者的形象相差甚远。当然，孔子从未夸耀过自己的勇武和酒量。孔子出生之时，其家道已经逐渐衰落；三岁时，父亲便去世了。从此之后，孔子便由母亲养育和教导。孔子的母亲颜氏虽然年轻，却出身鲁国的贵族家庭，拥有非常好的教养和学识。尽管家境贫寒，但母亲并未放松对孔子的教育。贫寒的家境使得孔子从小体验了劳动者的生活，学会了大量的实用技能，具有较强的自理和生存能力；母亲的教导又使得孔子受到了礼法文化的熏陶，熟悉当时的各种典籍，知识基础相当扎实。

孔子非常聪明好学。他二十岁的时候，学识便已经远超常人、非常渊博，被当时的人们称赞"博学好礼"。二十三岁时，孔子便开始在乡间收徒讲学，后来一些有名弟子的父辈，例如颜回的父亲颜路等，便是在这个时候开始跟随孔子的。在讲学的同时，孔子也逐渐树立起自己的王道政治理想。在当时知识分子流动性很强、各国都注重养士的时代大环境中，孔子也在后来的几十年中游走各国，不断向国君、贵族们传播自己以"仁政"为核心的政治理念，期望能够让人们摆脱战争的痛苦，实现一个和平而有秩序的社会。在此期间，也有一些国家给过孔子一些小的官职，但孔子的"仁政"思想与当时多数国家争夺霸权的需要实在是相差太远，因此多数国君只是尊重孔子的能力和学识，对其政治思想不过是听听而已。

孔子五十多岁的时候，终于在鲁国受到了赏识，得到了真正执政的机会。他先是被任命为中都宰，大概相当于现在的市长，且政绩非常显著；一年后又升任司空，大概相当于现在的建设部长；不久又升任大司寇，大概相当于现在的公检法机关最高长官。由于政绩卓著，孔子在五十六岁时，被鲁国国君升任为代理宰相，并兼管外交事务。孔子成为代理宰相之后仅仅三个月，鲁国的内政、外交等各个方面都有了很大的起色，国力稳步提升，百姓也遵守礼法、安居乐业。当时鲁国的社会秩序，被史书记载为"路不拾遗，夜不闭户"，盗贼、刁民等不守法律的人纷纷逃离。与此同时，孔子还通过外交手段，使得齐国归还了在战争中不法侵占的大片鲁国领地。这样的挫败让齐国感到了威胁，于是设计为当时的鲁国国君鲁哀公送上了大量的美女和良马，让他逐渐沉溺于酒色享乐之中，疏远了自己强国的理想。这样一来，致力于内政外交的孔子在沉溺享乐的鲁哀公看来，就不再是自己得力的帮手，而是妨碍自己享乐的麻烦了。最终，孔子彻底失去了国君的支持，在无奈之中被迫离开了鲁国。这次的离开对于孔子来说是非常大的打击。自己追求了几十年的政治理想终于得到了实践的机会,并且一切都正向着好的方向发展。但这一切却被一个卑鄙的阴谋所打破,良好的社会秩序、人民的安居乐业、自己的政治理想就这样又一次化为了泡影。由此,孔子渐渐明白,自己的政治理想在这个混乱而黑暗的社会现实之中,是不可能真正实现的。

离开鲁国之后,孔子继续着自己周游列国的旅程。与从前一样,虽然多数时候都受到国君、贵族的礼遇,却一直都未能再得到重用。此时的社会混乱已经逐渐扩大,孔子曾经历数次险境。他曾被国君公开监视,也曾被困于野外以至于断粮七天。而这时的孔子早已不是孤身一人。在几十年传播自身思想的过程中,孔子身边已经逐渐聚集起了一些忠实的弟子。尽管后世流传孔子有三千弟子,事实上真正长期跟随孔子,并与孔子有着同样理想的弟子不过数十人。虽然人数并不算多,但这些弟子继承了孔子的思想和观点,并将孔子的言论记述了下来,形成了我们现在所看到的《论语》。公元前484年,六十八岁的孔子返回了自己的故乡鲁国。长期的周游列国已经让他感到疲乏,而残酷的社会环境也一次又一次地向孔子表明,他和平的政治主张、仁爱的人生理想并不适应于当时的现实。但孔子仍旧未放弃自己的理想。在人生最后的一段时间,他开始勤奋地整理各种古代典籍,希望借此在战乱之中留存下前世的各种经典和文献资料,让文化的火种在混乱的时世之中流传下去。尽管弟子众多,但孔子仍旧十分谦逊。他认为自己深受古代礼乐文化思想的影响,自己的思想也仅仅是古人思想的延续，并非自己的创造，因此坚持"述而不作"，终生未曾亲自留下有关自己思想的任何著作。

孔子的晚年也并不宁静。前文中已经说过，孔子有着几位一直追随着他的、相当亲密而忠实的弟子。这几位弟子对于孔子来说，既是学生，也是友人。更重要的是，他们是理想上的同志，在周游列国的旅程之中相互扶持，共同向着同一个目标努力。其中有终生贫寒却从未改变志向和德行的颜回，有性格直率、勇猛果敢的仲由，有各方面都才华横溢的儒商典范端木赐，等等，他们虽然性格各不相同、经历也林林总总，但都折服于孔子的才学和思想，并以各自的方式践行着从孔子处继承而来的道德原则和政治理想。但其中的几位弟子，都在孔子晚年相继去世。先是以德行著称的颜回早逝，让孔子悲痛不已；后来在卫国的战乱之中，忠于主君的仲由为救主君而被杀，尸体被斩成肉泥。两位忠实弟子的死亡给了孔子相当大的打击，也让他感到自己已经时日不多了。孔子曾在死前对端木赐感叹，天道失常、社会混乱的状况已经太久，而自己和弟子们的生命又如此的短暂，已经等不到理想实现的那一天了。

孔子和《论语》通过对"命"三个方面的论述，展现了孔子对人类生死、生存、生活的主要认识和态度，也展现了孔子对人类命运与价值的自觉。孔子也在自己的一生之中，亲身践行了这样的态度和自觉，这样的践行对于后世来说意义重大。在后世儒学的发展中，诸多学者延续了孔子的这种思路和行为，将有限的个体生命放置在无限的对于"仁"的追求之中,从而用广阔而充满意义的"仁"消解了对于生死的恐惧;将理想与使命诉诸"天命",用"理"悬置命运对人的困扰,在"尽人事以俟天命"的豁达中摆脱了命运的纠葛。在儒学看来,人类的生存便是在理性的基础上,在内在的方面达到"仁"的境界,在外在的方面做到"义"的要求,从而向着"内圣外王"的理想不断靠近。而"内圣外王"成为儒家的终极理想的同时,也成为儒家终极关怀的依归,是孔子和历代儒学学者们的安身立命之所。[1]

---

[1] 韩传强:《孔子对儒家"终极关怀"的奠基——以〈论语〉论"命"为例》,《学术论坛》,2010年第3期,第7页。

第三章
"修身以俟之"——孟子之"命"

自春秋时期礼崩乐坏以来,随着政治环境和社会环境的迅速改变,中国的思想界出现了一场理性意识的觉醒运动,大批的思想学派百花齐放。从老子以"道"的信仰来替代"天"的至高无上、孔子提出"不语怪、力、乱、神"等思想以来,人们对"天"、"帝"等人格神的信仰变得摇摇欲坠。除了墨家学派仍然留存着"天志"、"明鬼"等略微传统的思想之外,视"天"为有意志的人格神这样的学说,以及以信仰的视角来仰视"命"和"天命",早已是不适应时代改变的思想了。从前,"天命"这个概念往往带着浓厚的政治气息,用来诠释一个王朝统治的合法性;但在春秋战国时代,"天命"的核心逐渐转为生命个体的自觉道德实践。

但与此同时,一种可以归为宿命论的思想也逐渐兴起了。这种思想我们在前文中也曾涉及,它主要认为人的境况和遭遇都是由某种神秘力量所控制的,而人对于自身的命运没有任何把握能力,只能听凭神秘力量的摆弄。这种思想总是让某些境遇的承受者感到无可奈何和绝望,具有无意志、无目的、无规律、无善恶的特征,是人的有限性的反映。自然,宿命论思想彻底否定人类主观努力的价值和意义,这对于关注人类命运的哲学思想家来说是不可接受的。因此,这种思想尽管在当时的民间十分盛行,但却遭到了一大批思想家的集体批判。而在各学派思想家从不同角度对宿命论的批判之中,我们可以清晰地看到他们不同的思路和思想体系。孟子便是这类思想家之中的一位。他不仅对宿命论思想进行了批评和剖析,也在这种剖析之中树立起了自身的思想体系,并为儒学的发展开启了一条更有实践意义的道路。下面,我们就来考察一下孟子的思想体系,认识他对"命"的看法和观点。

一、与生俱来的"良心"

"良心"这个词语在《孟子》全篇文本中只出现过一次:"牛山之木尝美矣,以其郊于大国也,斧斤伐之,可以为美乎?是其日夜之所息,雨露之所润,非无萌蘖之生焉,牛羊又从而牧之,是以若彼濯濯也。人见其濯濯也,以为未尝有材焉,此岂山之性也哉?虽存乎人者,岂无仁义之心哉?其所以放其良心者,亦犹斧斤之于木也,旦旦而伐之,可以为美乎?"[1] 这是一段非常顺畅的对于人之善心的论述,其大意为:牛山上的林木曾经非常繁茂。就因为它靠近大城市,人们经常带着斧子上山去砍伐林木,

[1] 杨伯峻:《孟子译注》,中华书局,1960年。此章所引《孟子》原文皆出自此书。

因此没有办法保持茂盛了。当然，山上的林木天天都在生长，雨露也不断滋润着山林，但人们仍旧不断地放牧砍伐，最终变成现在这样光秃秃的样子了。而人们现在看见它光秃秃的样子，就以为这座山原本就是一座光秃秃的荒山，这难道是山的本性吗？人也是这样的。人不是原本就没有仁义之心，只是他们不断地放任自己的良心流失，就好像任凭人们天天在山上砍伐放牧一样，最终无法保持茂盛了。朱熹对这一段落的注释是："良心者，本然之善心，即所谓仁义之心也。"[1] 这种对于"良心"的解释，点明了孟子在这一段落中所讲述的"良心"这个观念的核心：道德之"心"原本就栖居于所有人的内心，它是一种与生俱来的天赋。

孟子为了进一步论述"良心"这种与生俱来的特性，又把"良心"分成了"良知"和"良能"两个部分，并通过"良知"和"良能"在未曾接受过社会现实洗礼的幼年孩童身上的自然展现，进一步论述了"良心"对人来说的与生俱来："人之所不学而能者，其良能也；所不虑而知者，其良知也。孩提之童无不知爱其亲者，及其长也，无不知敬其兄也。亲亲，仁也；敬长，义也；无他，达之天下也。"也就是说，"良能"是指人天生就有的能力，"良知"则是人不用学习就拥有的知识。观察幼年的儿童，往往不用学习就会自然而然地热爱他们的父母；等到长大一些，也不用教授就会敬爱他们的兄长。而自然地热爱父母，就是"仁"；自然地敬爱兄长，就是"义"。这种情况并没有什么原因，只不过

---

[1] （南宋）朱熹：《四书章句集注》，中华书局，1983年，第337页。

因为这是天下人与生俱来的本性罢了。孟子用孩子具有道德性质的行为来论证"良心"的天赋特点,因此,孟子又将"良心"命名为"赤子之心"。

当然,除了用儿童的这些自然行为来论证"良心"是人的一种天赋之外,孟子也曾经通过成年人的某些自然而然的、具有道德性质的行为,来论证"良心"即使经过社会现实的消磨,也仍旧是人本性的一部分。这方面最著名、也最有影响力的例子,自然是"乍见孺子将入于井"的公案。此公案出自《孟子·公孙丑上》:"所以谓人皆有不忍人之心者,今人乍见孺子将入于井,皆有怵惕恻隐之心。非所以内交于孺子之父母也,非所以要誉于乡党朋友也,非恶其声而然也。由是观之,无恻隐之心,非人也;无羞恶之心,非人也;无辞让之心,非人也;无是非之心,非人也。"孟子在这里展现了一个非常特殊的情境:一个孩子在井沿上玩耍,就要掉进井里去了。而一个路过此处看到这一幕的成年人,将会怎样做呢?孟子认为,每一个成年人在面对这样的情境的瞬间,都会做出同一种行为:奔上前去把孩子拉下井沿,让他免于危险。由于这一瞬间的时间极短,这个成年人来不及去考虑任何其他的因素。他并不是孩子的亲人,对孩子没有特殊的情感;也不是因为孩子的父母有钱有权力,而想要结交。这一瞬间的拯救行为,仅仅是由于人都有"不忍人之心"。这里的"不忍人之心",其实与我们上文所说的"良心"本质上是一样的。所谓的"不忍人之心",其实就是不忍心看到他人受到伤害的情感,而这种情感实际上是对他人的善意，是一种自然而然的道德情感。在这个公案里，孟子专门预设了一种道德情境，来凸显人发自内心的道德行为，并由此来论证人本身便具有与生俱来的道德情感。而能够证明道德情感的先天性的要点，就是道德行为的无条件性，即人们将孩童拉下井沿的行为没有任何寻求回报的思虑，在当时的环境下也没有时间去做这样的思虑。这与前文中提到的，以孩童对父母、兄长的无条件、与生俱来的爱，来展现"良心"的先天性，从而论证道德的先天性，思路和效果都是完全一样的。但孟子的这种论证思路，在今人看来实在是有着太多的破绽。例如有学者就曾指出：孟子预设的这种"乍见孺子将入于井"的情境下发生的拯救行为之中，含有后天学习、教养以及社会经验的因素。因为人必须要有"掉进井里就会死"这样的知识和经验，才能够得知"孩子在井沿上玩耍"的行为是危险的，如此才能导致去救孩子的行为发生。如果是一个幼年的孩子看到另一个孩子在井沿上玩，或许他就会去和那个孩子一起玩耍，因为他并没有这种行为中包含危险的经验和意识。因此，孟子所预设的这种情境，事实上只能证明拥有一定社会知识和经验的人具有本能性的道德情感，而不能证明人先天就拥有道德情感。但不管怎样说，尽管在现今的我们看来，孟子的论证并不是非常完善，但我们是站在长久的时间所累积起来的知识和理论之上来观察古人的，不能因此苛求古人超出自己时代的局限而做出毫无破绽的论证。"不忍人之心"的天赋性是孟子理论之中的重中之重，为了论证这一点，孟子已经做出了很大的努力，可以说是煞费苦心。那么这种与生俱来的善意和道德情感，在孟子的思想体系之中究竟起着怎样的作用呢？这就必须要讲到孟子认为人"性善"的主张了。

在孟子所生活的那个时代，各个学派对于人性论的探讨可以说是非常热烈，人们相当痴迷于讨论人性究竟是善是恶。这大概是由于当时的诸侯混战和社会混乱，使得人们表现出各种极端的善恶行为，从而推动了大量学者在人性论方面进行研究和思考。在《孟子》文本之中就记载着三种不同类型的人性论主张："告子曰：'性无善无不善也。'或曰：'性可以为善，可以为不善。'……或曰：'有性善，有性不善。'"也就是说当时有人认为人性本质上没有善恶；有人认为人性根据不同的环境而可能为善或为恶；有人认为有些人生来就有善性，而有些人生来就是恶性。事实上，当时的人性论还远远不只这些。孟子提出人"性善"的主张，主要是为了回应告子的人性论。而告子的主张是"食色，性也"，也就是从经验层面上来看待人性，认为人性就是人的自然本能。但是在孟子看来，这样来看待人性的方式有着很大的问题，因为"食色"等自然欲望和需求不是人类所特有的，所有的动物也都有，甚至所有的生物也都有。如果只将"食色"作为人性的话，那么人类与动物又有什么区别呢？因此，孟子在书中说道："犬之性犹牛之性，牛之性犹人之性与？"狗性与牛性是类似的，因为它们都是动物；但动物之性与人性就是一样的吗？由此，孟子认为要讨论人性，就必须从探讨人与动物的不同之处入手。孟子自己进行了"人禽之辨",他得出了"人之异于禽兽者几希"的结论,也就是说,孟子承认人与禽兽动物的差别是很小的。这很小的差别,"庶民去之,君子存之。舜明于庶物,察于人伦,由仁义行,非行仁义也"。也就是说,人与动物决定性的不同之处,便是人有"仁义",即道德意识和道德情感。这种道德情感尽管是与生俱来的,但却有不少人在社会环境的洗礼中逐渐将其消磨殆尽;也有一些人即使经历了社会的磨砺,却仍旧将其存于心中。失去了天生的道德情感的人,便会在现实中表现出种种无视道德的恶行;将道德情感存于心中的人,则会追随着这种情感的指引,走向"仁义"的道路。因此,"仁义"并非要去专门学习和刻意去做的事,而是一种倾听自己内心的本性,把握和追随自己内心的声音,从而自然而然、顺理成章达成的事情。由此,那"几希"的人与动物的区别,成为孟子自身"性善"论体系的基石。

孟子在对自己的性善论做出论证的同时,也为儒学的道德实践找到了与形上世界相关联的超越根据,为这种道德实践找到了更加确定和令人信服的理由。这种理由同样来自道德意识的天赋性。孟子说:"恻隐之心,人皆有之;羞恶之心,人皆有之;恭敬之心,人皆有之;是非之心,人皆有之。恻隐之心,仁也;羞恶之心,义也;恭敬之心,礼也;是非之心,智也。仁义礼智,非由外铄我也,我固有之也,弗思耳矣。""恻隐"、"羞恶"、"恭敬"、"是非",这些在孟子看来都是人类与生俱来的情感与认识,而道德体系中的"仁"、"义"、"礼"、"智"就源于这些情感和认识。因此，个体生命自身道德实践活动的源头并非外在的什么东西强加给自身的，而是内在的、存在于自身之中的。孟子说，这个源头是"此天之所予我者"。这说明，个体生命的道德实践有着形上的、超越的根源，它来自上天的"命令"，是人理所当然的"天职"。这样一来，个体生命自身的道德实践过程便不再是尽枯燥的道德义务，而是在与自身的超越性根源"天"相呼应。自身的道德实践活动是自身"天职"的一种具体表现形式，自己只要存在，就责无旁贷地要担负起这种天职，如此就能够实现自身的存在价值，从而度过有意义的、充实的一生。当人认识到这一点的时候，就必然会拥有自我道德实践的自觉，同时在生命过程之中不断地从自己的内心涌现出人生的神圣感和使命感，并不再受到虚无感、无价值感的困扰。这样一来，"外在的他律性的道德、生根于经验界中的道德，由不断努力而将其内在化、自律化，以使其生根于超经验之上……这才使道德从相对的性质中超进一步，而赋予以普遍与永恒的根据，这才真正为道德生稳了根"[1]。

回顾一下以上所讲的孟子人性论，可以发现孟子创造了一种新的儒学道德实践的途径，也就是《孟子·尽心上》中所说的"尽其心者，知其性"。从此之后，儒学道德实践活动的重点，就在于感受、把握和追随、发扬自身与生俱来的天赋性道德意识和道德情感。如此一来，儒学从孔子的源头向前迈进了一大步，其所提倡的道德实践活动变得有一定的可操作性了。很多

---

[1] 徐复观：《中国思想史论集续编》，上海书店出版社，第253页。

学者对于孟子的这种探索和创造给予了相当高的评价。例如杨泽波先生便认为:"孔子的最大贡献是创立了仁学,将行礼的根据置于仁上。但是孔子对仁只是随宜指点,并没有真正说明仁是什么。这就给后人留下了一个难题。孟子以其特有的智慧,超人的悟性,纳仁入心,将这个问题一扫而光,他明确指出'仁,人心也'(《孟子》)……什么是仁?仁就是人心,就是人的良心本心。要知道什么是仁一点都不难,只要逆觉反证,把握住自己的良心本心就可以了;想要践仁行德也一点不难,只要反躬自求,按自己的良心本心的要求去做就可以了。良心本心是自家的本钱,是成就道德的根据。这样孟子就彻底解决了仁是什么的问题,在儒学发展史上做出了不可磨灭的贡献。"[1] 孟子也由此而形成了极具自身特色的心—性—天三层结构的儒学伦理观。

二、"良心"论与"命"

"命"这个概念在《孟子》全文中一共出现了五十四次。其中尽管也出现了"命"的本义和引申义,但"天命"、"命运"这一层含义自然还是最值得注意的,也是值得进行分析的。徐复观先生曾言:"须先把《论语》上所说的天、天道、天命,和所说的命,分别清楚。《论语》上凡单言一个'命'字的,皆指运命之命而言。"[2] "过去,因

---

[1] 杨泽波:《孟子性善论研究》,中国人民大学出版社,2010年,第161页。

[2] 徐复观:《中国人性论史·先秦篇》,第74页。

为古今的注释家，都不知道《论语》上的'命'和'天命'，有显然的分别……发生过许多不必要的纠结。"[1] 徐复观先生所言的这种情况，基本上符合《孟子》文本的状况。所以，在分析孟子的"心性"观念与"命"观念之间关系的同时，也必须要注意到"命"观念中"天命"和"命运"这两层含义之间的区别。"天命"这一层含义的重点在于"天"，它论述的是道德作为"天"所给予人的使命，点明"道德而归之于命，则此道德乃超出于人力之上，脱离一切人事中利害打算的干扰，而以一种非人力所能抗拒的力量影响到人的身上，人自然会对之发生无可推诿闪避的责任感和信心"。徐复观先生正是把这种"天命"称作"命"积极性的一面，反过来则把"命运"称作"命"消极性的一面。刘述先先生对于积极和消极的"命"有着很有借鉴意义的论述。他认为，消极的"命"一般指的是外在于人自身的命运，并给予个体生命以种种的限制和痛苦，人们往往对它显示出抗拒或是无奈的情感；而积极的"命"却联系着人和"天"，是人自身内在的东西，人们常常对"天命"显示出深深的敬畏以及积极的担负心态。但是积极的"天命"来源于"天"，消极的"命运"来源也同样是"天"。"天命"内在于我们自身并且可以被理解，"命运"外在于我们自身并且不可以被理解，但二者的来源却又是一致的。因此，只有结合这两个方面，对二者及其源头都给予合理的解释，才能够真正诠释"知命"这种态度的内涵。但这一点恰恰是先秦儒学没能充分察觉，也没有给出

[1] 徐复观：《中国人性论史·先秦篇》，第76—77页。

合理解释的一个薄弱环节。直到宋代,儒学才发明了专门的术语,用"理"和"气"的不同层次给了这个问题一个合理的解释。[1]

而《孟子》文本中论述到的"命",根据出现的多少来看,主要还是指消极面的"命运"。孟子在书中为"命运"之"命"给出了一个定义:"莫之为而为者,天也;莫之致而至者,命也。"可以发现,这种解释与庄子对"命"的解释有着比较显著的相似,或许这是相似的时代背景所造成的。在这段话中体现出的命运的最大特点,就是"莫之致而至者",即无法预料便不期而来的东西。也就是说,它是无法被人所认知和把握的。由此可见,"命"的消极方面"命运",将生命个体的有限性彻底展现了出来。正是由于"命运"的这种不可把握性,李泽厚先生才将"命运"的全部特点归纳为"偶然性","即人生活在无可计量的偶然性中"[2]。这种偶然性会给个体生命带来庞大的无奈感和不确定感,很多人无法找到适当的面对这种偶然性的态度,最终不得不向"命运"投降,放弃了自身的一切努力。孟子和庄子的时代所广泛流传的宿命论思想就是这样繁盛起来的。《墨子》一书对这种宿命的"命运"观有着生动的描绘:"执有命者之言曰:命富则富,命贫则贫;命众则众,命寡则寡;命治则治,命乱则乱;命寿则寿,命夭则夭。"[3]一种神秘的力量控制着一切生命的"命

---

1 / 刘述先:《论孔子思想中隐含的"天人合一"一贯之道——一个当代新儒学的阐释》,《德川日本论语诠释史论》,台大出版中心,2006年,第291页。

2 / 李泽厚:《论语今读》,第53页。

3 / 王焕镳:《墨子集诂》,上海古籍出版社,2005年,第849页。

运"以及社会环境和历史进程的变化。它让一个人富裕,此人就一定会富裕;它让社会混乱,社会就一定会混乱。宿命论使得个体生命和社会历史都成为"命运"掌心里的木偶,生命在它的掌中,就好像如来佛祖手中的孙悟空,无论怎样努力,最终都迈不出限定的范围。面对这样彻底否定人类主观能动性的言论,墨子发起了反击,提出了自己"非命"的主张。根据张岱年先生的分析:"墨家所非之命,是完全前定之命。一切结果皆已前定,完全与人事无关,如命富则虽不努力亦必富,如命贫则虽强从事亦必贫。所以如信此所谓命,必至于废弃人事。……墨家所非之命,可以说是原始意义的命,即世俗所谓命;而儒家所谓命,则是就其原始意义而加以修正的。"[1]此段中的"世俗所谓命",就是指遭到当时许多思想家抨击的世俗宿命论。孔子和孟子都反对这类命运观,但以他们为代表的儒学并不否认"命运"本身的存在。例如,当孟子没能觐见鲁侯的时候便说:"吾之不遇鲁侯,天也,臧氏之子焉能使予不遇哉?"这里的"天"实际上与"命"的含义相同,也就是说孟子事实上承认命运之偶然性的存在。孟子论"命",其重点并不在于"命"存不存在或以怎样的方式存在,而是在于如何去消解这种消极面的"命"带给个体生命的无奈感和无意义感。

那么,孟子是用怎样的理论体系来消解消极面的"命"带给个体生命的负面影响呢?在《尽心上》中,孟子提出了他重要的"立命"理

[1] 张岱年:《中国哲学大纲》,江苏教育出版社,2005年,第370页。

论:"尽其心者,知其性也。知其性,则知天矣。存其心,养其性,所以事天也;夭寿不贰,修身以俟之,所以立命也。"此段的大意是:尽自己的善心,就是觉悟到了自己的本性;觉悟到了自己的本性,就是懂得了天命。保存自己的善心,养护自己的本性,以此来对待天命。不论寿命是短是长,都不改变自己面对天命的态度,只是修身养性等待天命,这就是面对命运生存下去的办法。人应该以怎样的态度来面对"命"呢?孟子的主张是"修身","修身"的具体过程就是"尽心",并"存其心,养其性"。联系上文可以知道,孟子认为人应该通过存养自己的"不忍人之心"来"立命"。因为"不忍人之心"是个体生命之中"求则得之,舍之失之……求在我者也"的东西,可以说是人生命过程之中的一座灯塔,指引着被"命"的巨浪冲击摆弄的个体生命前进的路程和方向。而这种"立命"观念的核心,便是人不能放弃主动的努力,不能将自己的生命过程彻底交给命运去摆弄。孟子曾言:"莫非命也,顺受其正;是故知命者不立乎岩墙之下。尽其道而死者,正命也;桎梏死者,非正命也。"这里说到的"顺受其正"、"尽其道而死者,正命也",本质上来说其实与强调存养"不忍人之心"来"立命"的说法一致。而在"立命"的基础之上,在孟子看来,如果一个人感觉自己的命运早就被注定了,自己什么时候会死去也已经都是决定好的事情了,因此不顾危险而随便地站在危墙之下,这是一种"非正命"的态度,与前面提到的宿命论者没有任何区别。因为他们都对自身生命和命运极度不负责任。宿命论者是在命运的重压之下完全放弃了自身的主动性，不再为任何事情而努力；而"非正命"的死者则是无视命运的实质而滥用自己的主动性，是一种无赖性质的态度。二者都不是孟子所认可的。而通过"尽其心"来"立命"，以此来直视外在、偶然的"命"，这才是真正负责任的勇敢态度，只有这样，才能够真正树立起个体生命在命运面前的尊严感和主体性。

在这里需要点明的是，"不忍人之心"的存养需要长久而艰苦的努力。只有付出这样的努力，它对于"立命"的意义才能够得以显露，因为"立命"本身就贯穿于"夭寿不贰，修身以俟之"这种持之以恒的"不忍人之心"的存养过程之中。因为"不忍人之心"虽然是个体生命本来就具有的道德情感，但它的另一个特点，就是它仅仅是真正道德意识的萌芽。这处于萌芽状态的道德意识，孟子称其为"四端"，即"恻隐之心，仁之端也；羞恶之心，义之端也；辞让之心，礼之端也；是非之心，智之端也"，并且主张"凡有四端于我者，知皆扩而充之矣。若火之始然，泉之始达。苟能充之，足以保四海；苟不充之，不足以事父母"。也就是说，孟子认为人虽然天生就有着"仁"、"义"、"礼"、"智"这些道德意识的萌芽，但如果不对它们加以养护，这些萌芽就会渐渐丧失殆尽。因此，存养这些萌芽的功夫是必需的。另外，在萌芽的存养过程之中，社会环境和现实基础很可能由于种种原因而发生令人类个体无法把握的改变，例如遭遇战争或者意外落难等。这种种的剧变和困境，往往会带给生命个体相当巨大的外部压力，使得生命个体对提升道德修养的初衷充满怀疑。而这种怀疑一旦发生，个体的意志就会动摇，并很有可能就此放弃努力，使得原本的萌芽最终毁去。孟子自身的人生阅历使他深深地懂得这一点，因此他不断地强调个体应该勇敢地面对困难，坚定自身的决心，尽可能保持自始至终的"不贰"，专心于"修身"的任务而不中途放弃。只有经过这样的努力，才能够最终在"命"面前抬起自己的头颅，彰显生命的尊严，从而达到"立命"的目的。焦循在注解《尽心上》一章时，曾引用程瑶田的《论学小记》说："任则至重也，道则至远也，死而后已者也。夫然后天之所以与我以为性而具于心者，是我所受之命，而夭寿不贰，修身以俟之矣，岂非所以立命乎！"[1]孟子之意正是如此。

这样一来，"立命"便在"不忍人之心"的存养之中树立了起来。由此，在心—性—天三重的儒学伦理观模式之外，又形成了一种心—性—命层层递进的儒学伦理观。将两者合并起来考虑，可以将儒学的伦理观模式描述为心—性—天（命）。由此，个体生命实际的道德实践才真正获得了形上的超越性根据，即"天"和"命"。"这样才可能使自己在这个偶然存在、生存的人生道路和生活境遇中，去实现自己的超感性的实存；使自己这个感性生命不再是动物性的生存，同时也不是那玄奥而实枯槁的道德理性，而是真正融理欲于一炉的情感本体：即在日常生活中，在道德义务中，以及在大自然中，在艺术中，所可把握、体认到的人生境界，也就是人

---

[1] 焦循：《孟子正义》，中华书局，2017年，第727页。

生的价值、意义和归宿所在。"[1]

由以上分析可见，孟子的人性论在"天"与人的沟通过程之中起到了中介的作用。在心—性—天（命）的伦理递进模式之中，不管是"天命"的下降还是偶然性"命"的消解，都被孟子集中在了"不忍人之心"的存养上。这种存养，一方面是面对"天命"的切实基础，另一方面也是回应命运偶然性的基础。[2] 由此个体生命的主体性和生命尊严被挺立起来，形成儒学特有的以道德为切入点的天人合一状态。有限的个体生命借助道德修养的过程，将自身与无限性的宇宙万物相联系，将个体生命彻底融入巨大的生命洪流之中，由此获得了个体生命现实生活的神圣感和使命感。这种道德伦理模式对后世儒学影响十分深远。

1 / 李泽厚：《论语今读》，第20页。

2 / 陈家欢：《"天"、"命"视域下的孟子良心观》，《安庆师范学院学报（社会科学版）》，2011年，第56页。

第四章

"知其不可奈何而安之若命"——庄子之"命"

《史记·老子韩非列传》中对庄子其人有着这样的记载:"庄子者,蒙人也,名周。周尝为蒙漆园吏,与梁惠王、齐宣王同时。"[1] 楚威王曾经听闻庄周的贤能,命使者带着相当丰厚的礼物来邀请他做官。但是庄子却拒绝了这样令人动心的邀请,并对使者说:"千金,重利,卿相,尊位也。子独不见郊祭之牺牛乎?养食之数岁,衣以文绣,以入大庙。当是之时,虽欲为孤豚,岂可得乎?子亟去,无污我。我宁游戏污渎之中自快,无为有国者所羁;终身不仕,以快吾志焉。"[2] 这一段中关于祭品的例子是非常形象的。人们用上好的饲料和场所饲养作为祭品的牛羊,不过是想要在祭祀之日将其杀死。而庄子把入仕和当祭品看作完全等同的事情,也就是自愿失去人格和自由去换取功名利禄,并且还要为此付出生命的代价。因此,他宁可在茅屋陋巷之中勉强维持生计,靠借粮解决自己的温饱问题,也不愿意接受王公贵族们的邀请,成为庙堂之上的牺牲之牛。庄子是真

[1] 司马迁:《史记》,中华书局,2010年,第2143页。
[2] 司马迁:《史记》,第2145页。

的完全拒绝入仕吗？从他曾经做过漆园吏的经历来看，并不完全是。庄子拒绝入仕的根本原因，是他真正看到了社会现实的无奈。

庄子所处的时代在孔子之后一段时间。孔子的时代中，掌握着资源和权力的贵族诸侯们尽管已经开始了斗争，但至少在表面上仍旧勉强保持着相互之间的礼节以及对周王朝的恭敬。这样的情况，已经让孔子发出了礼崩乐坏的感叹。而到庄子的时期，诸侯们之间已经彻底抛弃了表面上的礼节和面子，开始了赤裸而残酷的倾轧。尽管在哲学史的角度来看，战国时期是一个各种思想蓬勃发展的辉煌时期；但对一个真正生活在那个时代的人来说，战国时期事实上是一个痛苦而沉沦的时期。庄子便是如此认为的。他目睹了无数次由于群雄争霸而发动的战争，他自己所生活的国家也在这种战争之中饱受创伤。再加上当时国君的暴虐无道，普通民众的生活早已苦不堪言。庄子在书中谴责当时卫国的君主："其年壮，其行独，轻用其国而不见其过；轻用民死，死者以国量乎泽若蕉。"[1] 卫国当时的君主年轻无知、独断专行，完全不顾及国家和百姓的正常秩序，轻易就发动了战争，致使百姓尸横遍野，尸体几乎堵塞了河道。这样残酷的社会环境，对于生活于其中的人来说，是终生都无法摆脱的枷锁。由此，庄子察觉到了围绕着人的生活而展开的不可抗拒的力量。这是人难以逾越的界线，是每一个人都不得不面对的壁垒。而正是由于心灵面对着无数壁垒，因此人难以自由。这种面对着社会现实与人生壁垒而

[1] 郭庆藩：《庄子集释》，中华书局，2016年。本章所引《庄子》原文皆出自此书。

产生的感伤与痛苦,是庄子哲学的情感源泉,他毕生所追求的心灵自由,也同样来自对这种感伤与痛苦的深切体悟。冯友兰曾说,庄子"很有学问和天才,但受当时政治动乱之苦,就退出人类社会,躲进自然天地"[1]。这并不意味着庄子完全不关心世事、不关心他人,躲避式地生活在山林之中的隐居处。实际上,从《庄子》书中所表达的内容来看,庄子极其关注社会现实,尤其关注人们的精神现实;而就他本人的现实来说,庄子生活得并不轻松。一方面是由于他拒绝了一切入仕的邀请,因此一直处于清贫甚至是非常贫困的状态;另一方面是他终生都在思考人生的一系列最基本的哲学问题。只不过,他的思考与其他学派立足点有所不同,他是一直怀着对普遍生命意义的终极关怀来思考人生问题的。他的思考深刻而透彻,其思考的终极目的,就是要寻求个体生命如何在现实世界获得真正的意义和价值,怎样才能超越现实环境对个人心灵的种种桎梏,实现最终的绝对自由。

"在中国思想中,庄子的人生哲学思想最早地和全面地开始了对人的境遇的理性的思索。"[2] 作为一个充满浪漫气息且文笔极好的文人、一个极具思考能力且追求逍遥自由的哲人,庄子比同时代的其他任何一位思想家都更加明确地感受到了心灵所面临的种种束缚。人是不自由的。但是人为何不自由呢?是由于"命"的存在。在庄子看来,"命"所具有的必然性对具体

---

[1] 冯友兰:《中国哲学简史》,北京大学出版社,1996年,第572页。

[2] 崔大华:《庄学研究——中国哲学一个观念渊源的历史考察》,人民出版社,1992年,第26页。

生命有着巨大的影响。它能够决定一个人的生与死的期限:"死生,命也;其有夜旦之常,天也。人之有所不得与,皆物之情也。"它能够决定一个人贫富穷达的生活状况:"死生存亡,穷达贫富,贤与不肖毁誉,饥渴寒暑,是事之变、命之行也。"它还能够决定一个人所处的社会伦理关系:"天下有大戒二:其一,命也;其一,义也。子之爱亲,命也,不可解于心;臣之事君,义也,无适而非君也。无所逃于天地之间,是之谓大戒。"而庄子对待这种"命"的态度也比较明确。他在《人间世》中曾说:"自事其心者,哀乐不易施乎前,知其不可奈何而安之若命,德之至也。"又在《德充符》中论述道:"知不可奈何而安之若命,唯有德者能之。游于羿之彀中。中央者,中地也;然而不中者,命也。"由以上论述可以知道,庄子是肯定有"命"的存在的,并且认为人应该"安命"。有很多人就此认为庄子的"命"论是一种宿命论思想。但是,庄子肯定"安命",是否就意味着他的"命"论属于一种宿命论呢?事实上并非这样。在庄子的话语体系中,"命"是一种无法被人类所把握也无法预知的必然性。从根本上来说,人类个体对它是无能为力的,因此只有安然接受它这一种选择。在庄子看来,"命"对个体人类而言是一种人生的必然性。只要人作为一个生命个体存在于这个世界上,就必然面对"命"这个必然性。但庄子并没有因此而否定人的努力和作为,他认为人应该在安然接受命运的基础上有所作为,也就是说,在"命"所给予的境遇之中,主动地去选择适合自己的生存方式,并沿着自己所选择的道路生活下去。因此,应该说庄子的"命"是一种不可知其然而然的必然性,而他的"命"论也并非宿命论。

一、命:不知所以然而然者

上文已经提到,庄子肯定"命"的存在。并且"命"是《庄子》中一个非常重要的范畴,在文本之中被多次论述。但庄子所论述的"命",和孔子的"命"一样,已经与之前的宗教信仰之"命"有着本质上的不同。前者源自古代先民对于天神的信仰和敬畏,而孔子、庄子所论述的"命"则已经基本与宗教信仰没有关系了。就庄子思想体系中的"命"来说,它实际上来源于庄子对现实生活之中令人无奈的必然性的深刻观察和深切体感。[1] 因此,从其"命"论的实质而言,庄子所论述的"命"是自然发展以及社会生活之中的一种必然性。而且在庄子的哲学体系之中,"命"的性质与"道"一致,是自然而然便存在着的。正是由此,庄子才在《达生》中说:"不知吾所以然而然,命也。"而对于什么是所谓的"不知所以然而然者",庄子通过一则精辟的寓言做出了自己的阐释:

孔子在吕梁山观看壮美的瀑布。瀑布有几十丈高,激起的水沫飞溅到三十里外,瀑布下的水潭连巨鳖和鳄鱼都不可能在里面游泳。孔子看见水潭中有一个人在游泳,以为是想要自杀

[1] 刘笑敢:《庄子哲学及其演变》,中国社会科学出版社,1988年,第144页。

的人，便叫弟子去救他。但这个人游了一会儿就走了出来，他披着头发唱着歌，在水潭边漫步。孔子赶上去问他："这瀑布水流如此湍急，我却看见您能够在里面游泳，上岸后还如此自如。先前我以为您是鬼怪，但现在仔细看，发现您确实是人。请问您能够如此游泳，是有'道'之人吗？"

那人说："不，我不是什么有'道'之人。我不过是从这里的'故'出发，顺应着水的'性'，在'命'的作用下不知不觉就成功了。随着漩涡一起进入水流的中心，与涌出的流水一起浮上水面，顺应着水的流动方向而不出于个人意志做任何多余的事，我就是这样游泳的。"

孔子又问："请您再解释一下，什么叫从这里的'故'出发，顺应着水的'性'，在'命'的作用下不知不觉就成功了？"

那人说："我生在这座山中，就安心住在这座山上，这就叫'故'；身处水中就安心于水，这就叫顺着水的'性'；不明白原因却自然而然地做到了，这就是'命'的作用。"

类似这种形式的寓言，不仅在《庄子》中比较多见，在那个时代的著作中也都比较多见。大多讲述的是主角在特殊的环境之中遇见了一位异人，其具有非常引人注目的与众不同之处，有的是外表上的，有的则是行为或言语上的。主角便与异人交谈，询问其特异之处的来源；而异人便回答这些问题。从其回答之中，寓言的作者会表达出自己真正想要表达的含义。这一则寓言也是这种形式。孔子和弟子们在瀑布之下遇见了一位游泳者，他身处在乌龟鱼儿都无法游泳的激流漩涡之中,却游得如同在平地上走路一般轻松。因此孔子上前询问这种超乎寻常的游泳技术是如何练就的。而游泳者的回答非常值得深思:"吾始乎故,长乎性,成乎命。与齐俱入,与汩偕出,从水之道而不为私焉。此吾所以蹈之也。"这句话的意思是,自己并未特意去做过什么,只是完全接受了与生俱来的生存环境和天赋,并顺应自己的天赋和喜好去生活,再加上"命"的成全,便自然而然能够这样游泳了。我们知道,道家思想非常强调接受并顺应自己自然的天性,并认为这样便能够踏上最适合自己的生存之路,而这条道路便能够引领自己达到"道"的境界,也就是我们经常说的"得道"。但由游泳者的回答看来,一个人是否能够"得道",仅仅是顺应自己的天性并付出努力是不够的。要想真正"得道",最终还需要"命"的成全。因此,"命"是完全独立于人的天性和努力之外的,但它却存在于人的个体生命之中,并对一个人最终能够达成怎样的人生结果起着关键性的作用。由此可见,庄子所说的"命"显然是一种完全超越人的认知能力范围,而无法被人所认知、把握的存在。也就是说,首先,"命"对于生命个体而言是与生俱来的。因此,它与人们的"习性"有所不同。"习性"是在后天所处的生活环境之中养成的,而"命"则是天生的;其次,就逻辑上来说,"命"是具有必然性的,而"习性"则是根据生活环境的不同而偶然形成的,并且也会随着人生境遇的不同而改变。因此,相比"习性"的可变,"命"显然具有不可变的性质。

第四章
"知其不可奈何而安之若命"——庄子之"命"

由于这种不可认知、不可把握的特点,"命"在《庄子》中经常被表述得暧昧而游移,令人难以把握庄子对它的态度。例如《寓言》中便有着这样的表述:"莫知其所终,若之何其无命也?莫知其所始,若之何其有命也?"人类无法预知自己的死亡,那么人如何确定自己的人生中没有"命"在起着作用呢?人类也无法选择自己的出生,那么人又如何确定自己确实有着必然的"命"呢?在这里,庄子似乎是对"命"是否存在这个问题产生了疑问,他怀疑"命"究竟有还是没有。但这一段表达的意思其实并非一种怀疑。"莫知其所终,若之何其无命也?莫知其所始,若之何其有命也"这一句话其实是一句互文表述。完整表达这句话的意思,应该是:"人类无法预知自己的死亡,也无法选择自己的出生。那么人怎么能确切地知晓自己有没有必然的'命'呢?"在庄子的眼中,人的出生和死亡都无法由自己所决定。可以说,出生与死亡,以及人生的诸多遭遇都是与生俱来的,人无法控制这些,只能无可奈何地接受。从这个意义上来说,人是不得不承认"命"的存在的。但是从人类认识的能力上来说,"命"又永远是人所无法认知的东西。《养生主》之中有着这样一句痛切的感叹:"吾生也有涯,而知也无涯。以有涯随无涯,殆已;已而为知者,殆而已矣!"一切认识主体所具有的认识能力都是有限的、相对的,被其自身的各种条件限制着,因此只能从自身的角度去观察,不可能认识到事物全面而真实的面貌。这种在认识领域存在的主客界限永远不能够被消除,主体与客体之间、客体与客体之间以及主体与主体之间,都永远处在相互的对立之中。在这样的认识状况之下,理性的作用是有限的,人生也是有着时间限制的,个体的人类不可能只通过自身而获得有关"命"的认识。认知的广度和自由度是成正比的,在有限时空的条件下,全部的理性认识都可以说是"小知",即不全面、不真实的认识。从这个意义上来说,又可以说人是没有"命"的,因为它永远处于人的认知能力之外。庄子对"命"之存在与否的暧昧阐述,说明庄子认为人生中存在着大量无法抗拒、无法选择却又无法解释的存在,而"命"这个概念不过是对这类存在的一个代称而已。由此可以知道,在庄子的思想体系之中,"命"其实是一个假设性质的概念。例如人们提到庄子之"命"的时候经常提到的"安之若命",其中的"若"便体现出庄子之"命"的假设色彩。也就是说,当人面对无法抗拒又不可解释的事情时,就把它当作"命",并自然地接受。这正如张岱年先生曾经说过的:"到无可奈何的时候,只当安之若命。'安之若命'的'若'字最有意义,不过假定为命而已。"[1] 因此,"命"这个字不过是一种代号,代指一种人生之中"不可奈何"的存在。而我们在上文中已经提到,"命"这种人生的"不可奈何"具有与生俱来的必然性。因此可知,"命"对庄子来说只不过是对这种人生必然性的不得已的代指,就好像老子用"道"这个称谓来代指世界的真实和本源一样。另外,"安之若命"中的假设含义,也意味着庄子的"命"与宗教信仰中所说的"命"完全不同,只

---

1 / 张岱年:《中国哲学大纲》,第402页。

是在称谓上或形式上与宗教信仰所说的"命"相似。宗教信仰之中所说的"命",对信徒来说就是神的意志;而上文已经提到,庄子所说的"命"纯粹是一种人生之中客观存在的必然性。在宗教信仰的领域之中,"命"是一种超越性的强大力量,源自上天或人格神的意志和喜好,它规定着人和物的存在与发展;但庄子所说的"命",虽然也是一种超越性的强大力量,也规定着人和物的存在与发展,但庄子其实不知道应该以怎样的方式来准确给这种超越性力量一个表达或称谓,因此不得不用最为接近的一个概念,也就是宗教信仰之中的"命"来给它命个名。

二、命:有所成有所制者

从另外一个方面来说,在庄子的眼中,"命"也是对"物"的一种规定性,限定着这种事物区别于其他事物的特征,以及事物由出生到消亡的存在情况。这种规定性最突出的表现,便是每一个事物都有着自身不可突破的局限。例如《逍遥游》中,活不过一年的蝉蜩不能理解鲲鹏远飞的壮举,活不过一天的朝菌不能了解日出日落所带来的光与暗;《秋水》中所提到的,无法对陆龟解释什么是大海,无法向只在夏天生存的鸣虫解释什么是冰。而这一切不理解、无法解释的原因,实际上都在于"小知不及大知,小年不及大年"。这就是在庄子研究之中经常被提及的大小之辨。

人也是一种"物",因此"命"的这种规定性毫无疑问也会作用于人。在《至乐》中有这样一则故事：颜回辞别老师孔子，独自到齐国为官。孔子望着颜回离去的背影，露出忧虑的神色。子贡不解，就问孔子为什么为颜回忧虑。对此，"孔子曰：'善哉汝问。昔者管子有言，丘甚善之。曰："褚小者不可以怀大，绠短者不可以汲深。"夫若是者，以为命有所成而形有所适也，夫不可损益。'"（《庄子集释》）孔子在这里引用管仲的言论表明，人自身的形体以及很多特点都是与生俱来的，由于特点的不同，每一个人在社会中都有适当的位置，也都有其合适的用武之地，而人的形体和特点都不是人自己能够决定的，也无法靠努力来改变。颜回极为重视自己的政治理想和道德情操，这便是颜回特有的人格特点，是无法轻易改变的。他一旦为官，必定会不断向国君谏言实行仁政。但事实上，在当时的政治环境与社会环境之下，这样的谏言是不可能被采纳的；并且一旦谏言惹怒国君，颜回甚至要面临生命的危险。而由于颜回的性格，这样的事情又不可避免地会发生。这是由当时的社会环境和颜回的个人性格共同构成的一种必然性，也可以说是颜回不得不面对的"命"。因此，孔子才对自己学生的未来充满忧虑。由此可见，对于事物来说，"命"在某种程度上是与自身的本质紧密相连的，它规定着事物不得不如何存在、发展。万物因为自身的"命"而得到了某种规定性，一个事物有着什么样的"命"，就必然也有着一些相应的特点和存在方式。

这样的给予事物以规定性的"命"，在具体社会状况之中，又与"时"有着非常紧密的联系。在《秋水》中，庄子借孔子之口说道:"我讳穷久矣,而不免,命也;求通久矣,而不得,时也。当尧、舜而天下无穷人,非知得也;当桀、纣而天下无通人,非知失也;时势适然。夫水行不避蛟龙者,渔父之勇也;陆行不避兕虎者,猎夫之勇也;白刃交于前,视死若生者,烈士之勇也;知穷之有命,知通之有时,临大难而不惧者,圣人之勇也。由处矣!吾命有所制矣!"这一段话是说,孔子期望自己能够通达于世,期望摆脱现在的穷困状况,却一直未能做到。这并不是由于自己愚笨,也不是因为自己不够努力,而是自己所处的时代和自身的时运所造成的。例如在尧、舜治理天下的时代,人们都显得贤能而通达,这不是因为当时没有愚笨的人,而是由于时代给予人更多的贤达机会;在桀、纣祸乱天下的时代,贤能之士显得很少,这也不是因为当时没有贤能之人,而是由于时代给予人的机会极少。因此,真正有勇气的人,不应该是迎难而上的人,而应该是知晓自身的命运与界限,对于不可抗拒的事情能够坦然面对的人。这样的人,才是真正的圣人。由此,庄子借孔子的言语而肯定了"命"的存在和力量,肯定它规定着人的穷达贤愚。在这一段中需要强调的一点是,此处的"时"与"命"是互文的。按照原文,"穷"与不"穷"取决于"命","通"与不"通"取决于"时";但这并不意味着"穷"和"通"就分别对应着"命"和"时",它的意思是"穷"和"通"同时受到"命"与"时"的制约。对庄子的思想体系来说,个体生命在任何方面都受到"命"之必然性的制约,也都受到"时"之特定性的影响,因此个体生命的境遇同时受制于"命"和"时"这两方面的因素。

由于"时"和"命"具有上述不可分割的关系,庄子在书中经常将二者合称为"时命"。[1]例如《缮性》中的"古之所谓隐士者,非伏其身而弗见也,非闭其言而不出也,非藏其知而不发也,时命大谬也。当时命而大行乎天下,则反一无迹;不当时命而大穷乎天下,则深根宁极而待,此存身之道也"。这一段话是说,真正的隐士,并不是隐居避世、对社会现实一言不发的人,而是真正了解"时命"的人。当有利于自己的"时命"出现时,便将自己的理想自然而然地推广到天下;当"时命"不利于自己的时候,便接受穷困的现状,静静地等待适合自己的"时命"到来。这才是在混乱的现实中生活下去的智慧。也就是说,"时命"尽管制约着人生的境况和遭遇,但是这并不意味着"时命"就彻彻底底地是一种否定性的力量,也并不意味着人面对它时不能有任何的作为。因为尽管"知穷之有命,知通之有时",但是人类仍旧可以"临大难而不惧",这是真正的"圣人之勇"。既然使用了"圣人之勇"这样赞扬性的说法,那么就明确显示了庄子对这种人生态度和处世方式的肯定和褒扬。另外,在自己的理想和抱负未能获得合适"时命"的穷困境遇中,一个人能够做到"临大难而不惧",显然也至少是一种态度上的"有为"。由此,可以基本排除庄子认为"时命"否定人进行努力的自由。

对庄子来说,"命"这个概念是与"性"直

[1] 杨国荣:《庄子的思想世界》,北京大学出版社,2006年,第194页。

接相关的，二者在含义上其实是相通的。庄子在《达生》中说道："达生之情者，不务生之所无以为；达命之情者，不务知之所无奈何。"也就是说，通晓生命真相的人，不会去努力寻求生命本身就无可奈何的事物；通晓命运真相的人，不会纠缠于自己原本就不可能知晓的事情。"不务生之所无以为"与"性"相联系，而"不务知之所无奈何"则与"命"相联系。"性"与"命"都规定着人的存在，对人来说也都是与生俱来、无可奈何的存在。经过上文的解释，我们已经知道，庄子认为人在面对"命"的时候并不是完全没有个人自由和努力的余地。事实上，庄子在强调接受己身之"命"的同时，更加重视人的精神自由，这种精神自由便是所谓的"逍遥"。而这种"逍遥"，本质上来说是不依傍任何外物，坚守自己的自然本质而达成的自由。后者才是庄子哲学体系的真正核心。《庄子》之中有着大量关于人们依赖外物生存，以至于被外物所奴役，并最终失去自我的描述。例如《骈拇》中的"故尝试论之，自三代以下者，天下莫不以物易其性矣。小人则以身殉利，士则以身殉名，大夫则以身殉家，圣人则以身殉天下。故此数子者，事业不同，名声异号，其于伤性以身为殉，一也"，"伯夷死名于首阳之下，盗跖死利于东陵之上，二人者，所死不同，其于残生伤性均也"。《让王》中的"今世俗之君子，多危身弃生以殉物，岂不悲哉"。《齐物论》中的"一受其成形，不忘以待尽，与物相刃相靡，其行尽如驰，而莫之能止，不亦悲乎！终身役役而不见其成功，苶然疲役而不知其所归，可不哀邪！人谓之不死,奚益!其形化,其心与之然,可不谓之大哀乎?人之生也,固若是芒乎?"庄子由此深深地感叹,人一生的劳碌奔波事实上并无意义。像这样度过一生,虽说是活着,但与死亡其实没有区别。尽管从上层官员到下层民众,从豪强盗贼到圣人贤者,都在为着不尽相同的事物而不停劳碌,有的为了名声,有的为了利益,有的为了家族,有的为了国家,有的为了理想,但他们都用残害自己宝贵的肉体生命、损害自己珍贵的自然"本性"为代价来换取所求之物,因此事实上是完全相同的,是同样可悲的。因为他们都是在用"人"这个个体的身心来换取"物",使得自己的身心彻底被外物所奴役,而"物"对"人"的这种奴役,彻底破坏了"人"本身的自由、尊严和价值。庄子绘声绘色地描绘了人被外物所奴役,造成自己无法控制之事的景象:人们费尽心机争权夺利,却反而被功名利禄彻底操纵,失去了自己全部的自由,最终使得自身也彻底异化。人们由此而生发出无数的忧虑、恐惧、欲望和意念,心灵已经完全被"物"所奴役了。而想要摆脱这种外物对心灵的奴役,就必须认识自己的天然本性,逐渐排除对外物的依赖,以此得到精神上的自由,并最终达到"逍遥"的状态。这是世界思想史上最早对人类异化的察觉,也是最早的反对人类异化的声音。让自己的精神境界保持绝对的自由和自然,也就不需要依赖任何外在的物质,包括功名利禄、为己的私心等等,如此才能够使得自己的精神世界超越现实世俗的一切,并最终超越自我的界限,即"命"。并且这样的生存方式,对人类来说也是最为自然的。正如《逍遥游》中所描述的:"乘天地之正,而御六气之辩,以游无穷者,彼且恶乎待哉?"人心一旦充满了"为己"的想法,就开始渐渐生发出各种思虑和焦灼感;一旦充满了"功业"的想法,就免不了各种争夺和厮杀;一旦充满了"名誉"的想法,就会为名声、面子所累,行为和思想就会受到层层束缚,为了求得世俗的认可和称颂而无所不为。因此,只有在人们彻底抛开私心、功业、名誉,以"无己""无功""无名"的心灵世界来拥抱自由和超脱,才能够真正接受自己的"命";只有真正接受自己的"命",才可能拥有绝对的自由,感受到个体生命存在本身的快乐和自由,才能够真正体验到生存的乐趣与意义。

接受自己的"命"与"逍遥"之间实际上具有相通性。杨国荣先生曾说:"在此,'不务生之所无以为''不务知之所无奈何'意义上的'达命',与本于自性而无所待意义上的'逍遥'似乎并不冲突;不妨说,前者(不勉强超出能力所及的领域)在逻辑上表现为后者(本于自性而无所待)的引申。"[1]对庄子来说,"安命"其实就是顺命,即接受并顺从自己的自然命运,不去强行做出超过自身界限的努力;而在顺从自然命运的状况之中,个体仍旧有着足够的空间进行一系列的努力,由此而发现最为适合自己的生存方式,并以此而生活下去。这也就意味着,个体生命在"命"的面前,仍旧存在着自为的可能性。庄子在不断论述"安命"的同时,实际上也描述了对待命运的多种方式。例如在《天运》中就有:"圣

[1] 杨国荣:《庄子的思想世界》,第277页。

也者,达于情而遂于命也。"在《天地》中有:"愿闻神人。曰:上神乘光,与形灭亡,此谓照旷。致命尽情,天地乐而万事销亡。万物复情,此之谓混冥。"在这两段文字中,庄子又介绍了"遂命"与"致命"两种面对"命"的态度和境界。它们显然不同于"安命",而又比"安命"更显动态。"安命"的说法或许让人感到某种消极和逃避的倾向,但此处所讲的"遂命"和"致命",则无疑展示了更多人的内在力量,并因此而展示出一些积极的气息。总而言之,对人这一生命主体来说,即使是"安命"也并不意味着彻底丧失了能动性。在"命"的面前,人仍旧有着自由和努力的空间,有能力做出适合自己的选择。

由以上分析可以知道,庄子认为"命"是对"物"的一种规定性和一种制约力量。当然,人作为物的一种,也同样被自己的"命"如此规定和制约着。但人不同于一般的"物",人具有主观能动性,可以在认识到"命"所造成的制约限度的基础上,寻找到适当的面对它的态度,并由此出发而找到适合自己的存在方式,从而达到自身的精神自由。因此,可以说庄子并没有过度强调"命"的必然性和规定性,而彻底否定人做出努力的空间和价值。

三、命:根源于道受于天地

经过上面的论述,我们知道庄子的"命"是事物本身具有的不同于其他事物的规定性,也是一种限制着事物生存与发展的必然性。所以，对事物来说，天生便是有"命"的，没有"命"的事物是不存在的。那么，这种"命"究竟来自何方呢？它是事物自身所产生的，还是有着其他来源呢？在庄子的思想体系之中，"命"不是事物自己产生的，而是来源于"道"，并直接产生自"天地"。在庄子的眼中，万物的生灭变化都不是可以由自己决定的，而是"道"的运转所产生的自然而然的结果，人身处其中，其生灭变化也不例外。《知北游》中有这样一段对话："舜问乎丞曰：'道可得而有乎？'曰：'汝身非汝有也，汝何得有夫道！'舜曰：'吾身非吾有也，孰有之哉？'曰：'是天地之委形也；生非汝有，是天地之委和也；性命非汝有，是天地之委顺也；孙子非汝有，是天地之委蜕也。'""道"的运转产生我们身边的世界和我们自身，但这种运转是一种非人力所能干预的强大力量，我们无法把握它，也无法预测它，只能接受它的馈赠，不管是好是坏。《德充符》中还有庄子与其好友惠施的一段对话，对话的主题是人是否无情。惠施认为人如果无情，就不能算作一个人。庄子对他这种观点的应答是："道与之貌，天与之形，恶得不谓之人？"也就是说，"道"赋予了一个人容貌，"天"赋予了一个人形体，既然有了容貌和形体，这个人便可以被认作是一个人。庄子在这里真正想要表达的意思其实是，人之所以为人的规定性和必然性，是由"道"和"天"共同给予的。而这种规定性和必然性在具体个人身上的表现，便是"命"。以一句话来概括便是："命"是"道"和"天"决定一个事物出现和存在的"不可知其然而然"的必然性。"命"的根源毫无疑问是"道",而它又直接产生自"天地",并降临到事物的存在之中。因此,庄子才在《知北游》中说:"性命非汝有,是天地之委顺也。"又在《德充符》中说:"受命于地,唯松柏独也在冬夏青青;受命于天,唯尧舜独也正,在万物之首。幸能正生,以正众生。"事实上庄子并没有明确地说明万物的"命"都来自"天地",但是从庄子哲学体系的各个线索出发,是可以做出这样的推论的。"天地"也就是广义的自然界,对于整个道家哲学系统来说,"天地"是具体事物之中最早从"道"之中分化出来的,是自然界中距离"道"最近的存在,其地位在具体事物之中仅次于"道"。因此,它可以作为具体事物必然性的来源。

因为庄子哲学体系中的"命"直接来自"天地"而以"道"为根源,而"道"没有自身的意志和目的,因此庄子的"命"也不可能存在宗教信仰中的"命"所具有的赏罚意志。对这一点,庄子在《大宗师》中用一个寓言故事做了比较明确的阐述:"子舆与子桑友,而霖雨十日。子舆曰:'子桑殆病矣!'裹饭而往食之。至子桑之门,则若歌若哭,鼓琴曰:'父邪?母邪?天乎?人乎?'有不任其声而趋举其诗焉。子舆入,曰:'子之歌诗,何故若是?'曰:'吾思夫使我至此极者而弗得也。父母岂欲吾贫哉?天无私覆,地无私载,天地岂私贫我哉?求其为之者而不得也。然而至此极者,命也夫!'"这个故事所讲的是:子舆有一位好友叫作子桑,生活非常贫困。阴雨连绵十天之后,子舆觉得这位好友一定饥寒交迫了,便拿着食物去探望他。走到好友门前时,听到子桑正在屋里唱着歌弹琴,唱的是:"是父亲,还是母亲?是天,还是人?"子舆便进门问他:"为什么这样唱呢?"子舆回答道:"我一直在寻找让我如此穷困的原因,但却找不到。父母希望我穷困吗?不会的。苍天和大地也都没有私欲,不会希望我穷困。找不到这样的原因,但却身处穷困的境地,这就是命啊!"在这段故事中最值得注意的一句,便是"天无私覆,地无私载,天地岂私贫我哉?"也就是说,天地是没有意志的,不会出于私心来对待自然界中的任何事物。由此,来自天地的"命"也是没有私心的,对自然界的一切个体都一视同仁。庄子的这种思想显然受到了老子思想的影响。老子曾说:"天地不仁,以万物为刍狗;圣人不仁,以百姓为刍狗。"[1]个体生命的生存境况和遭遇,是完全超乎人力的影响范围的。张默生先生曾说:"'命'是自然的流行,也就是道的作用。万物的生死存亡,得失祸福,都是这'命'的作用。万物之所以为万物,可叫作'命';万物之各有其形性,可叫作'分'。吾人若能'守分安命',便是合于自然,合于天,合于道。"[2]因此庄子认为,"安命"对于个体生命来说,并不是消极,而是一种明智之举。一个人在认识到自己的界限之后,顺从自然的"命"并选择适合自己的生存方式,正是所谓的"知其不可奈何而安之若命"。

总而言之,对庄子来说,"命"发自"天

[1] 陈鼓应:《老子今注今译》,商务印书馆,1998年,第73页。

[2] 张默生:《庄子新释》,新世界出版社,2007年,第148页。

地",其根源是"道",并非由具体事物自己所形成的,而是"道"赋予万物的东西。由于人无法直接认知"道",自然也就无法直接认知"命",因此"不知其所以然而然"。同时,由于"命"源自"道",虽然处在具体事物的存在之中,其性质却与"道"一致,所以它对于万物来说才具有不可抗拒的必然性。

四、安命并非宿命

通过以上论述可以知道,庄子的"安命"论并不是宿命论的一种。一般来说,宿命论认为人的命运、社会演进、历史发展本质上都受到某种神秘力量的控制,人本身没有自由选择的权力,其主观能动性也不具有事实上的意义。[1] 由这样的观点出发,可以认为宿命论中隐含着两个要点:首先,神秘力量支配着人与社会、历史的一切;其次,人自身不具有任何自由和主观能动性。经过对比,可以发现庄子的"安命"论与传统的宿命论有着本质上的区别:首先,庄子所说的"命"根本不是什么神秘力量,而是一种自然力量,作为事物存在本身中所蕴含的一种必然性,它与万物有着相同的根源"道"。这种"命"尽管也无法被认知,对人来说具有某种神秘性,但其显然不同于宿命论中纯粹来自神灵意志的"命";其次,尽管庄子认为人应当认识并顺从自己的"命",但并没有彻底否定人进行主观努力的空间和自由。庄子不

---

1 /《中国大百科全书·哲学卷》,中国大百科全书出版社,1985年,第851页。

断强调"安命"的原因,是因为他知道"命"具有客观必然性,它是人力无法与之抗衡的强大自然力量。人只有认识它、接受它、顺应它,才能够将自己从无数人生痛苦之中解脱出来,寻找到适合自己的生存方式,并以此而获得更好的生活。我们在上文中引用过庄子的这句话:"知穷之有命,知通之有时,临大难而不惧者,圣人之勇也。"庄子眼中真正的理想人格便是如此,尽管知道"穷""通"等人生遭遇和境遇都是由超越人类力量的"时""命"所决定的,却依然能够坚强而从容地面对种种艰辛和痛苦,从不放弃努力的机会,也从不放弃对自由的追求。因此,庄子的思想体系实际上也没有否认人所背负的社会责任和社会义务,并认为人应该主动、理性、自觉地承担起这些责任和义务。在《人间世》中,庄子说"知其不可奈何而安之若命,德之至也",便已经从社会责任和社会价值的角度肯定了"安命"本身所具有的"义"。因此,对庄子来说,知"时"安"命"并不等同于生命个体对自己的生活完全无能为力,而是意味着个体生命应该自觉地去选择与"时"、"命"相适应的生存方式和处世之道。[1] 由此可知,庄子在肯定"安命"的同时,也阐明了人所具有的主观能动性,以及人在"命"的面前所具有的某种自由。

值得注意的是,在庄子眼中,"安命"对个体生命来说也并不是只有消极的意义。庄子在《应帝王》中曾言:
"有虞氏不及泰氏。有虞氏其犹藏仁以要人,亦得人矣,而未始出于非人。泰氏其卧徐徐,其

[1] 杨国荣:《庄子的思想世界》,第195页。

觉于于。一以己为马，一以己为牛。其知情信，其德甚真，而未始入于非人。"此段中，有虞氏是指上古帝王舜，而泰氏则是指神话中的伏羲。庄子借文中人之口说伏羲胜过舜，是因为舜尽管治理天下，获得百姓的拥戴，但却仍旧被自身的限制所困，处于对抗着自身之"命"的状态；而伏羲则早已不再执着于自身的界限，任凭他人将自己认作牛马仍怡然自得。伏羲的生存状态便是"安命"的状态，他早已与自然和"道"融为一体，放下了对自我界限的执念，从而超越了自我的界限，也超越了自身的"命"。这样使得他排除了一切痛苦，处于逍遥自得的快乐之中。可见，庄子的"安命"实际上蕴含着两层不可分割的内涵：无可奈何，以及怡然自得。[1] 特别是从后者的角度来看，可以更加明确庄子的"命"确实不属于宿命论的一种。

人生一世，由生到死，如同白驹过隙一般迅速。而"人生来自由，而处处都在枷锁中"[2]，如何面对人生和社会的限制，实现自身的自由？如何在如此短暂的人生中寻找到意义和价值，能够不枉此生？这些问题是庄子终其一生都在思考的，也是包括庄子在内的大批思想家所要解决的问题。实现自我的价值、找到自我的本质是庄子终生的追求。他认为，很多人无法找到自我、无法实现自我人生的价值，这种状况的根本原因就在于人无法超越现实的种种困境和限制，无法找到解脱的道路，以致终生在困境之中徘徊。而他提出

---

1 / 刘笑敢：《庄子哲学及其演变》，第148页。

2 / [英] 罗素：《西方哲学史》，商务印书馆，1997年，第118页。

的解脱途径，便是用客观而坦然的眼光看待自己的命运和面临的限制，在更高的层次和境界上消融自身痛苦的同时，寻找到适合自己也适应时代的生存道路。人的一生总是会遇到种种的不顺利，不管是庄子所处的时代还是现代，人们都面临着无法真正掌握自身命运的情况。只要这种面对命运的痛苦与无奈仍旧存在，庄子的"安命"论和解脱自身痛苦的办法就仍然具有普遍的价值和意义。

随着现代科学技术的长足发展，现代文明在带来丰富的物质文明的同时，也不断产生着大量的负面效应。这些效应又一次引发了人们对人文精神的渴求、对道德沦落的批评、对价值体系的呼吁，以及对人类全面自由发展的渴望。人怎样生活才能更加幸福？人生怎样才能变得美好？每一个人都在提出这样的问题，而这为我们在新的社会环境条件下重新认识庄子的自由思想价值提供了广阔的契机。面对这种种的问题和无奈，人只要能够认识到"命"的客观性和必然性，放下自身心中的束缚与执着，专注于能够做到的事情，就可以找到生存之道，并在某种程度上获得自由。在人无法战胜外在必然性的情况下，只要有了这份精神自由和生存之道，便可以提高生存的质量，并提升自己的人生境界。把庄子面对人生困境的这种自由的思路和智慧运用到现实生活之中是完全可行的，而这就是我们今天继续研究庄子人生哲学理论的现实意义。庄子对"命"的论述和提供的态度，能够使我们用一种宁静而达观的心态去面对现实、面对人生、面对生活中永远无法停止的不顺利，以自觉的努力来提升自身的修养，提高自身的人生境界。庄子对社会环境和个人人生的一系列思考和探索，都充满了面对人生逆境的理智、坚毅、达观、超脱的心态和精神。它对我们如何以积极的态度去面对人生、面对现实、面对逆境，以及如何摆脱人生的困境、争取人生的自由、提高人生的境界，都具有很高的指导意义。

第五章
"不知其所以然而然"——列子之"命"

《列子》一书最初见于明确史料，是在刘向于汉成帝年间上呈的《列子新书目录》中。该目录中明确记载了《列子》一书为道家学派的思想资料，其书当时被定为八篇。此后，东晋时代张湛作《列子序》，阐明了之后《列子》的流传过程。张湛所著《列子注》至今仍然是研究《列子》所依仗的最重要的文献材料。

自古以来绝大多数学者仍旧认为列子是一个真实存在过的人物。但值得注意的是，列子其人与现存《列子》其书的关系不明。我们现在所研究的列子思想，只能说是现存《列子》文本所展现的思想，而不能说就是先秦时列子其人的思想。据此，本章中的论述均使用"《列子》"而非"列子"。

与《庄子》文本有不少相似之处的《列子》，其"命"论继承了《庄子》的思想要素，并在对"命"的阐释中有着相当多的发挥和个人特色。《列子》之"命"与《庄子》之"命"一样，体现着具体的个人在具体环境中的遭逢、所遇。这种含义显示出《列子》之"命"的一些值得注意之处。一方面，"命"的主体并非宽泛的个体,而是一个一个具体的人。而其所面临的对象,是一个具体而复杂的世界,当然,在论述中,这个世界大多是指人类社会。这种立足于具体个人来面对具体世界的关系,是通过"性"与"命"两个概念一内一外的相互联系呈现出来的,论述"命"不能离开每一个具体个人的"性"。二者的联系,即对具体个人面对具体世界时产生的内外关系,以及主体由此而出现的一系列思维和感受的关照。另一方面,作为一个哲学概念,"命"不能只停留在对内外关系和主体感受的呈现上,其真正的目的在于寻找具体个人面对自身的所遇、面对具体世界的态度,并一定程度上解脱主体身处于"命"的重压之下时的痛感。"命"这一概念便是以此为基础,在具体使用中呈现出了诸多层次的拓展意义。接下来,我们将着手梳理《列子》文本中"命"的多层拓展内涵,并以此为基础来审视作者在这样的认识导向之下对待"命"的态度。

通过梳理"命"每一次出现所展现的义项,我们可以把"命"在《列子》中的含义概括为三个方面:"指令"之"命";"性命"之"命";"运命"之"命"。

一、"指令"之"命"

在中华语言系统之中,每一个汉字都有着许多不同但相互联系的意义。与此相关,中国哲学的概念系统中,每一个概念也有着相互联系但层次繁多的含义。对"命"这个汉字来说,其基本含义便是"指令",即一人发出命令,使得他人按照此人的指示去做某件事情,这种情况总是带有祈使的含义。这种含义虽然简单,但"命"字的其他两层含义都或多或少由此衍生而出,因此我们将它放在"命"概念意义分析的开头部分,以期为接下来的分析奠定一个扎实的基础。作为"指令"的"命"在《列子》文本之中出现频率比较高,并呈现出几个固定的出现场景以及灵活的词性变化。下面我们将对其进行逐一分析梳理。

首先来看作为"指令"的"命"呈现出的固定场景及由此可见的固定人物关系。"指令"含义出现的场景显然应该是一方向另一方发出某种命令,并期许对方的遵从。在整个《列子》文本中,这种场景大概有以下几类:第一种是显著的上下级关系之间,如国君对臣下等。如汤问篇第二段中,主神"帝"听说愚公移山的坚定决心之后十分感动,"命夸蛾氏二子负二山,一厝朔东,一厝雍南"[1],从而完成了愚公的心愿。此处的"命"便是显著的上下级之间,上级发出指令而下级遵从并立即实行的例子。这种场景对"命"的"指令"之意所携带的强烈祈使义表现得最为明显,后面的几种场景对祈使之义的表现则相对隐晦而缓和。第二种是师生之间。由于《列子》文本中某贤者与其弟子或门人论道的情况十分多见,这类场景出现频率也相对较高。并且此种场景呈现出一个显著的特点,就是"命"一字从未出自为师者一方,都是出自学生一方。也因此,此场景中的

[1] 杨伯峻:《列子集释》,北京:中华书局,2012年。本章所引《列子》原文皆本此书。

"命"词性全部都是名词而非动词。这种特点及其意义我们将在后面分析词性变化时具体说明。第三种是医患之间。如仲尼篇第八段中，龙叔自认有病而求医，医者文挚"乃命龙叔背明而立"，并在其背后诊查。第四种是长幼之间。如说符篇第十二段，宋人子向既长而贤的孔子请求卜筮，得到孔子的卜筮结果之后"归致命"。第五种是人与物之间。这种场景稍为特别，场景中双方之一非人。如汤问篇第十段中师文鼓琴，"命宫而总四弦"，即是琴师变相地向琴发出指令之意。综合以上五种场景，我们可以发现，作为"指令"之意的"命"提示出较为固定的人物关系。上下级关系显然有尊有卑，而其他四种关系中虽然谈不上特别的尊卑，有些在现实生活中还被提倡为平等关系，但其中有主导的一方和被主导的一方则是明显的事实。这种主导与被主导的关系可以说是"指令"的前提，换言之，"指令"的存在本身就提示着双方关系的落差。

其次，我们来分析《列子》中的"命"在此种落差关系中呈现的词性变化，及其所提示出的另一些含义。这里的词性变化，是指"命"出现于文中有时作为名词、有时作为动词。上一段中已经提到，在师生关系之中，作为"指令"的"命"从未以动词词性出现。事实上，通过统计在不同人物关系中"命"之两种词性的出现频率，我们能够发现一些较为明显的规律。在人与物的关系中，"命"全部都是动词词性；在上下级关系之中，以动词词性出现的"命"占到了三分之二，名词词性的"命"为三分之一;在医患关系之中,动词词性与名词词性的"命"各占一半;在师生关系和长幼关系中,则"命"全部为名词词性。与此同时,另一个规律也呈现了出来,即以动词词性出现的"命"全部出自二者关系中的主导者一方之口;而以名词词性出现的"命",除一处之外,全部出自被主导的一方。这一处例外,是出自医患关系中,作为主导者医师一方的文挚之口。审视两种规律,其所提示的含义是清晰可见的,即"命"之词性的变化显示了指令之祈使程度的高低和双方地位落差之显著程度。在人物关系中,"命"作为动词出现的频率越高,指令的祈使程度越高,双方地位落差越明显;"命"作为名词出现的频率越高,指令的祈使程度越低,双方地位落差越不明显。这其实是由于,"命"作为动词时往往是主导者直接对被主导者发出指令,这种直接的行为自然呈现了明显的地位落差;"命"作为名词时,主导者发出指令的方式婉转而隐晦,是被主导者接收到指令后才明确确认的,因此二者的地位落差自然也不太显著。而后者往往是关系中的主导者刻意为之的结果。最明显的便是在《列子》文本的师生关系之中,师长在对弟子或门人提出批评或劝说时,往往不会直言,而是婉转地点到为止,令学生自行体悟。如黄帝篇第十五段中,老子目睹杨朱身负才华而行为张扬之后,用叹息和婉转的语言加以点拨,而杨朱意识到这种点拨后说道:"敬闻命矣。"这种指教在现代人看来似乎比较迂回,让师长显得高深莫测,但通过我们的统计和分析可知,这应该是在本质上有地位落差的关系中,作为上位者的师长淡化自身的主导地位,尽可能拉近师生距离,减少学生因地位的差距而对师长产生的疏远感的一种努力。同样,仲尼篇第八段中,在医患关系中处于主导地位的医生文挚在发出指令的同时,也自谦地对患者说"唯命所听",这也是主导者为了淡化地位落差而做出的努力。以上,我们尽可能完整而详细地分析了"命"一字以"指令"之意出现于《列子》文本中时呈现出的一系列场景、关系,及其提示出的一些规律和含义。由这些梳理和分析,我们可以发现,这一层意义上的"命"与地位差距和祈使性紧密相连,其展现的一系列规律和含义都强烈地体现了这两点含义。其实,不只是"指令"这一层意义,其他两个层次上的"命"也都与地位的差距和祈使意义紧密地联系着。而在"命"概念含义逐渐扩展和深化的过程中,我们可以发现这两点含义使得《列子》中的"命"这一概念渐渐蒙上了一层愈加沉重和不可抗拒的悲哀气息。

二、"性命"之"命"

"性命"一词在中国古籍中出现频率很高,是中国经典中一个非常常见而重要的观念。它以"性"与"命"两个重要概念的联用,突出展现了古代思想中的天人关系逻辑以及与此相关的一系列命题,因此成为许多学者的研究对象。整个《列子》文本里,这一词语仅在三个段落中使用过,属于出现频率较低的词语,其含义范围也明显比其他许多古籍中的"性命"更狭窄;但其意义比较重要，且与"命"这一概念的其他两重含义关系密切，因此也被列为我们研究的重点之一。下面，我们就来分别审视"性命"一词出现的三个段落，并尽可能通过梳理和分析，来理清《列子》文本中"性"与"命"两个概念的关系，以及由此衍生的"性命"一词的确切含义。

直到今天，"性命"一词仍然是现代汉语的常用词语，它多用来代指人类的生命。当然，这一词语在古代的含义与现代含义有所不同，这种情况在中华语言文字的发展过程中也很多见。具体地来说，"性命"的现代含义是古代含义的一部分，即这一词语自古至今意义范围有所缩小。在《列子·黄帝》第一段中，有"黄帝即位十有五年，喜天下戴己，养正命，娱耳目，供鼻口，焦然肌色皯黣，昏然五情爽惑。又十有五年，忧天下之不治，竭聪明，进智力，营百姓，焦然肌色皯黣，昏然五情爽惑"一节。俞樾和张湛两人对此处"正"字的考证过程虽然略有不同，但都认为这里的"正命"即"性命"。此处的"正命"对主体来说是纯粹对内的，与后文纯粹外向性的"聪明"完全相对；另一方面，"竭聪明"囊括了"进智力"和"营百姓"，显示了"聪明"偏向精神一方的属性，而前文的"养正命"同样囊括了"娱耳目"和"供鼻口"，显示了"正命"一词偏向肉体、感官一类的属性。由此可见，"正命"即"性命"一词具有内向性、肉体性的意义。这一层意义就与此词在现代单纯的"生命"含义非常接近，即纯粹的肉体生命。

"纯粹的肉体生命"这层含义在具体语境之中常常会有所引申。不可否认,肉体生命对于人类来说是自身存在的基础,因此这种含义在《列子》文本中多用一个更简洁的字来代指,即"生",而其含义也稍微有所变化,通常代指生存或存在本身。在天瑞篇第十三段中,就出现了这种含义的"生":"生非汝有,是天地之委和也。性命非汝有,是天地之委顺也。孙子非汝有,是天地之委蜕也。故行不知所往,处不知所持,食不知所以。天地强阳,气也;又胡可得而有邪?"此处的"生"便是指"生存",即人的存在本身并非人自身的意志所能决定的,而是自然规则之下的气化运行的结果。而值得注意的是,此段中不仅出现了"生",还同时出现了"性命"一词。也就是说,此处的"性命"与"生"意义不同,不再代指肉体生命或存在本身,而是有着其他层次的含义。关于这种新的含义,我们可以从后文的阐释以及此处张湛所引用的郭象语句之中窥得一些端倪。《列子》原文中说"性命非汝有,是天地之委顺也",由此句可知,作者认为"性命"和前文的"生"一样,不是人自身的意志所能决定,而是自然气化运动的结果。但对前文的"生",作者认为是气化运动所赋予的"和";而此处的"性命",作者则认为是气化运动所赋予的"顺"。也就是说,气化运动的"和"与不"和"决定着人的存在或不存在,而气化运动的"顺"与不"顺"显然也决定着人之"性命"的某些本质性的区别。在此处的注解中,张湛引用郭象的语句道:"若身是汝有,则美恶、死生当制之由汝。"如果把这句话与原文对应起来，则"美恶"显然对应着"性"，"死生"则对应着"命"。张湛在这里并非将"性命"作为一个词语进行诠释，而是将其作为"性"加"命"来对待的，也正因此，"性"与"命"就作为两个单独的概念被加以诠释。由此看来，"性"在这里代表着人与生俱来的本质或内在性的质地，此内在质地有"美恶"之分；而"命"则代表着人生于世要面对的全部无法由自身决定的遭遇，此遭遇中最重要的部分即"死生"。可见，"性"和"命"实质上有着一内一外的关系，二者的主体都不是宽泛性的群体，而是以具体的个人为主体，以"性"关照人的内在本质，以"命"关照人的外在遭逢。可以说，"性"与"命"频繁连用或共同出现的现象，本身就显示了中国哲学对人生于世所面对的自身与外界之关系这一重要命题的关注。这样的"性"与"命"两个概念叠加在一起而构成的"性命"一词，可以说同时带有二者的含义，但也不能单纯看作二者含义的叠加。而从《列子》原文中的许多阐释看来，这一词语与单纯的"性"加"命"最重要的一点不同，便是其带有固定的指向性，即由"性"到"命"。也就是说，"性命"一词本身便带有一个具体的个人立足于自身固有的"性"来对待自身将要遭逢的"命"的含义。由于这种固定的指向性，"性命"一词在实际使用中词义会发生一些拓展，并经常会衍生出一些显著的人生观视角和价值性判断。这种视角和判断出现在双方对话之中的时候，往往会凸显双方价值取向的不同，而我们也可以从这种段落的言辞中觅得《列子》之作者的某些人生视角和价值取向。接下来我们就在这样的段落中审视一下"性命"一词所展现的不同价值观,并以此发掘这一词语在实际使用中最具体而确切的含义。

杨朱篇的第七段就是这样一个很有代表性的段落,并且古往今来,由于这一段落狂放而肆意的言辞,许多学者都对其发表过自己的看法,观点毁誉参半。而其主要的争论点,就在于对话双方的邓析与公孙兄弟完全相悖且针锋相对的人生及价值观。邓析作为郑国之相,秉持着较为社会化和大众化的价值取向,认为"人之所以贵于禽兽者,智虑。智虑之所将者,礼义。礼义成,则名位至矣。若触情而动,耽于嗜欲,则性命危矣",并以此劝说公孙兄弟远离欲望,修身养性,从而"朝自悔而夕食禄"。从本质上来看,邓析的论述虽然也涉及人与禽兽的区别、智虑与礼义的关系等问题,但这一系列问题的归结点都在于"名位"和"禄"。即是说,邓析所秉持的是一种非常现实的、非常功利性的人生观,以显名和利禄为人生主要的追求目标。而公孙兄弟则与他相反,蔑视显名,认为"矫情性以招名,吾以此为弗若死矣",并因此而希求"为欲尽一生之欢,穷当年之乐。……不遑忧名声之丑,性命之危也"。当然,公孙兄弟对自身人生哲学的长篇论述并未止步于此,还涉及"名"与"实"的关系、"利人利己"并推及天下的政治理想等,但从以上的梳理,我们已经可以感受到对话双方立场的对立与不可调和。值得注意的是,在如此对立的话语系统中,双方对"性命"一词的具体态度却显示出显著的一致性。邓析说,

"若触情而动，耽于嗜欲，则性命危矣"；公孙兄弟说，"不遑忧名声之丑，性命之危也"。也就是说，邓析和公孙兄弟都承认，像公孙兄弟这样孤立而纵欲地生活下去的话，则"性命"不保。在中国哲学著作中，同一个词语的意义在不同的价值取向和话语系统中有所改变，是非常常见的现象。但从邓析和公孙兄弟的对话看来，"性命"的含义并未随着不同的价值取向而转变，而是在不同的价值取向中一以贯之，呈现出完全相同的具体含义。那么此处的"性命"之具体含义是什么呢？由双方论述看来，"性命"之含义的囊括范围并不狭窄，而是比较宽泛的。在邓析的话语中，他论述到的几个被其自身价值取向所认同的观念是："智虑""礼义""名位""荣禄"。公孙兄弟的做法会彻底背离邓析所认同的这几个观念，而邓析在论述这一点的时候，用"性命危矣"一句同时概括了其对四种观念的背离。显然，"性命"一词在这里囊括了"智虑""礼义""名位""荣禄"四种观念。而在公孙兄弟的话语中，他们论述到的几个被自身价值取向所认同的观念是："情性""嗜欲""逸"。既然他们承认自己所认同的这几个观念会导致"性命之危"，也就是说"性命"一词的含义范围不包括——并且是极力排除着——其认同的这几个观念的。这样一来，"性命"的具体含义就变得清晰了。它在此段中代指着被大众观念所接受的思维逻辑、社会规则、社会地位、具体利益，而排除背离大众观念的一系列法外事物。总结起来，"性命"意味着一种符合社会大众认同的价值观的人生道路，以及走在这条道路上的具体个人的未来发展。形象地来说，就是指一个人以其自身的"智虑"来进行思考，遵守社会"礼义"，尽其所能获得更高的"名位"，并因此而取得尽可能多的"荣禄"。这样一种人生道路，以及这样生活所能够期许的拥有高位、重权、广禄的光辉未来，就是"性命"。当然，"性命"在这层含义中仍旧是包含存在、肉体生命这些基本含义的，毕竟只有存在并拥有肉体生命才能取得符合社会价值的生活，而公孙兄弟所说的"性命之危"其实也包含戕害自身肉体生命的意义。

前文我们说到，"性命"一词含有固定的指向性，即立足自身之"性"来关照自身之"命"。由此，我们可以另外发现两点此段落中值得注意之处：第一，从邓析与公孙兄弟的对话以及我们总结出的"性命"之具体含义看来，这种固定的指向性和对自身之"命"的关照体现为一种具体的人生选择。从这一点来看，"性命"一词的含义有所收窄，即原本以邓析为代表的大众与公孙兄弟所分别认同的人生选择都可以被称作"性命"，但从具体应用来看，只有大众所认同的一方真正被称作"性命"了。第二，从立足于自身之"性"的方面来看，邓析以及大众所接受的"性命"被公孙兄弟称作"矫情性"。即在公孙兄弟看来，这种"性命"并非真正顺应自身之"性"，而是对"性"的一种扭曲。我们不知道这是不是一种事实，因为毕竟还存在另一种可能性，即邓析以及大多数人的"性"与公孙兄弟不同，因此他们所选择的构成大众取向的"性命"也是符合自身之"性"的。但从该段作者的遣词以及故事的结尾来看,作者在这一问题上显然是站在公孙兄弟一边的,就是说作者也认为大众所认同的"性命"是对真正的"性"的扭曲。分析到这里,再联系刚刚所说的第一点,我们会发现:"性命"意味着立足自身之"性",关照自身之"命",那么大众所认同的"性命"即绝大多数人或者整个社会对"命"的关照,而这种对"命"的关照在作者看来却是对人之"性"的扭曲。总结起来,即是:对社会中绝大多数人来说,"命"都是对"性"的扭曲。这样的"命"显然使得作者对其产生了强烈的抵触情绪。这种抵触情绪付诸笔端,使得以力命、杨朱两篇为代表的一系列主要论述"命"概念的段落充满了放纵而肆意的激烈言辞,并导致了历代学者对其口诛笔伐。而他们批判的重点,即是两篇中作者对"命"这一概念的悲剧性描述,以及由此衍生的对待"命"的消极态度。

三、"运命"之"命"

以上杨朱篇第七段中的"命",实际上即是"运命"意义上的"命"。这种意义上的"命"概念,在中国哲学著作,特别是道家哲学著作中一直是被论述的重点之一。在《老子》《庄子》以及诸多作品中,这种意义上的"命"含义层次也非常多,包括趋势、法则以及某种意义上的绝对性等。但考察《列子》全书所出现的"运命"意义上的"命"的概念,我们会发现其意义具有显著的一致性。它没有趋势、法则、绝对性等诸多繁杂的含义层次，而是集中体现出一种核心意义。在上一段落中，实际上我们已经在分别论述"性"与"命"的意义时提出了"命"概念最为核心的这一层意义，即具体的个人生于此世之后在具体环境中的遭逢、所遇。这种意义显示出《列子》之"命"的一些特点。一方面，"命"的主体并非宽泛的个体，而是一个一个具体的人。而其所面临的对象，是一个具体而复杂的世界，当然，在论述中，这个世界大多是指人类社会。这种立足于具体个人来面对具体世界的关系，让我们联想起上文中"性"与"命"一内一外的相互联系。事实上，论述"运命"之"命"也确实不能离开每一个具体个人的"性"，而"运命"之"命"这一概念出现的意义，也确实就是对具体个人面对具体世界时产生的内外关系，以及主体由此而出现的一系列思维和感受的关照。另一方面，作为一个哲学概念，"命"当然不能只停留在对内外关系和主体感受的呈现上。其真正的目的在于寻找具体个人面对自身的所遇、面对具体世界的应然态度和途径，并在某种程度上缓解我们在上一段落末尾已经有所阐释的、主体身处于"命"的重压之下时的痛感。这两方面的特点可以说是"运命"之"命"含义的细化，但"命"这一概念在具体使用中仍旧呈现出诸多层次的拓展意义。接下来，一步步地来梳理《列子》文本中"运命"之"命"的全部内涵，并以此为基础来审视作者在这样的认识导向之下对待"命"的态度和途径。

第五章
"不知其所以然而然"——列子之"命"

首先来看《列子》文本中呈现的"命"对于具体个人的作用。虽然涉及"命"之作用的段落比较多，但呈现出的具体作用也是比较统一和集中的。在黄帝篇第九段中，有与《庄子》十分相似的一段故事，讲的是孔子及其弟子路遇蹈水者，惊叹于他的水性，而向其问道的故事。对于孔子之问，蹈水者的回答非常简练："始乎故，长乎性，成乎命"，并且对"故""性""命"的含义进行了深入一步的解释："吾生于陵而安于陵，故也；长于水而安于水，性也；不知吾所以然而然，命也。"可以说，蹈水者拥有令人惊讶的水性，尽管其本人否认有道，但事实上已经踏入了某种"道"的境界。而其回答，也就是他得"道"的经历与过程。在这一段落中，蹈水者提出了自身之所以得"道"的三个因素："故""性""命"。根据他本人的解释，"故"被确认为具体的个人成长和发展的基础，是一个人之所以成为他自身的起点，即"始"；"性"被确认为一个人与生俱来并与众不同的特点，是一个人成长与发展的最佳方向，即"长"。这里的"长"应为"擅长"的意思，而"长于水而安于水"就是说蹈水者本身便擅长蹈水并一直向这个方向自然地发展。但根据蹈水者的回答，只单纯地基于"故"而向着"性"所指明的方向发展成长，是不足以达到"道"的境界的。真正让其得"道"的因素，在于"命"，即"成于命"。即作者认为，一个人之所以成为他自身，与此人一开始所拥有的基础以及与生俱来的特质都有关系，但达成最终结果的真正决定性因素在于"命"。并且，不仅仅是个人，一件事最终能够达成何种成果也与许多因素有关，但其决定性因素，也同样是"命"。这种观点在《列子》中被多次表述，如力命篇第十三段中就明确说，"农赴时，商趣利，工追术，仕逐势，势使然也。然农有水旱，商有得失，工有成败，仕有遇否，命使然也"。即一件事自然而然地向着某个方向发展，这一点并非在"命"的掌控范围内，而是由"势"所决定的。这里的"势"可以有很多理解方式，但我们倾向于将其阐释为一种自然而然的规律性存在。就好像人有着自己的"性"作为发展的自然方向一样，事也有着"势"作为发展的自然方向。但"势"并非事成与否的决定性因素。作者在此段中所举的"水旱"之于农、"得失"之于商、"成败"之于工、"遇否"之于仕都是事成与否最关键的点，而决定这些关键点的因素还是在于"命"。

综上所述，我们可以发现，《列子》中的"命"是一个人之所以最终成为他自己、一件事之所以最终达成某种结果的决定性因素，这一因素独立于人之"性"、事之"势"以外，不出于人的自身性质，也不出于事的自身趋势，可以说具有一种不知来处的决定性力量。在某种程度上，《列子》文本中的"命"概念与上一段落中与"性"类似的"天"概念是有联系的。综合《列子》全书中关于"命"的论述，我们可以大致归纳出"命"这一概念的具体含义。在黄帝篇第九段中，孔子对蹈水者发问，蹈水者的回答中有"始乎故，长乎性，成乎命"的语句，此语句基本可以看作《列子》作者所认为的一个具体的人之所以成为他自身的原因及过程。"始乎故"意味着人身上有着一部分与生俱来的因素,这些因素对于人来说是"始",是一切未来的起点和基础。从上一段落的分析来看,这一部分因素便可以认为是人自"道"得来的自然天性"天"。"长乎性"意味着人最良好的发展方式,是在自然天性的基础上顺应自身的特点而自由成长。"性"在此便可以理解为每一个人与众不同的限定性和自身特点。"成乎命"意味着一个具体的人之所以成长为某个具体的形态,除了"天"和"性"的因素之外,还有着身处于世的具体遭遇的因素,而且这种具体遭遇在人的发展过程中起着主要的作用。因此,在《列子》的概念体系中,"命"代指一切人生于世之后的遭逢。它以具体的人为主体,是完全站在具体之人的视角上,审视自身在生活中遭遇的一切,并体察在此遭遇中主体的全部情感或思想活动的一个概念。由这一具体含义出发我们可以发现,在上一段落所分析的"天"的含义的基础上,"命"这一概念与"天"在一定程度上也是相对的。在二者的关系中,"天"是具体个人所具有的自然性分,也即得自于"道"的具体事物的有限性。而这具体事物的有限性,可以被认为是具体个人的本质与核心。而"命"这一概念则意味着这种本质在具体环境与生活中遭遇了怎样的境遇以及受此影响而发生的一系列改变和发展。可以说,"天"与"命"落在具体个人的身上并对具体生命展现各自的影响的过程,象征着人与世界的相遇;对"天"与"命"的意义及其关系的关注,意味着对人与世界之关系,以及人如何面对世界、面对自身生命在世界影响下的延续问题的关注。

其次,来看具有这种决定性力量的"命"突出展示出来的一些特点。可以说,相关段落对于"命"之特点的论述仍旧非常统一,显示出高度的一致性,并且这些段落全部集中于力命篇中。在该篇的第一段,作者就用了拟人的手法,使得"力"与"命"两个概念进行了一番对话,从而凸显了两者的诸多特点。但在分析此段之前,我们应该先对在力命整篇中与"命"概念相对应的"力"之含义有一个比较明确的梳理和界定。"力"一字在《列子》全文中共出现了四十九次,多数集中在力命篇之前的篇章段落中,之后则很少出现。其意义层次也较为丰富,如在"竭聪明,进智力"中代表智虑,在"顾见商丘开年老力弱"中代指气力,在"负其材力"中指主角与生俱来的才能,在"柔胜出于己者,其力不可量"中代指得"道"之人无为而无不为的力量。其意义范围也随着语境而有所变化,时宽时窄。收窄时基本为以上几种意义之一,放宽时可以囊括以上全部意义。而力命篇第一段中与"命"对话的"力",便是《列子》全书中意义最宽泛的"力",其囊括了以上我们整理出的全部意义,基本可以被确认为具体的人在自身的能力极限之内能够做到的一切。在明确了这一段落中"力"的具体含义之后,我们便可以着手对该段落的叙述细节和主题进行梳理分析了。此段对话由"力"发起,它向"命"提出了比较二者之"功"的请求。而从后文涉及的对于"功"的阐释,其包括"寿夭、穷达、贵贱、贫富",可见这个"功"的作用主体不是宽泛的事物,而仍旧是人。也就是说,"力"向"命"提出的请求,实质上是对比二者对于人生的作用力和影响力。"力"认为以上提到的"寿夭、穷达、贵贱、贫富"全部都在自己所能影响的范围之内,但"命"显然不这样认为。在对"力"的反驳中,"命"举出了一系列"寿彼而夭此,穷圣而达逆,贱贤而贵愚,贫善而富恶"的人物事例,并以此驳斥"力"所认为的自身影响范围。此处,"命"显然已经将事例人物的自身特质与生存所遇一分为二,并暗示人之自身特质,如"圣""逆""贤""愚""善""恶",为"力"所能控制;人之生存所遇,即"寿夭、穷达、贵贱、贫富",则并非"力"所能掌控。而此后的文字更值得注意:"命"在否认"力"对生存所遇之影响的同时,也不认为自身对人的生存所遇有所控制。它说:"既谓之命,奈何有制之者邪?朕直而推之,曲而任之。"从这番表述中,我们可以发现两个问题:其一,这是作者对自己将"命"拟人化的一种否定,也是"力"本身对于自身影响力的否定。将一个概念拟人化,也就是将这一概念附加上了人格和意志,有意志的存在,才能称得上对客体有所"制"。在这个意义上,"力"某种程度上是本身便附有意志的,这种意志来源于"力"的主体——人。可以说,"力"之意志便是人之意志,"力"之所"制"便是人之所"制"。但与"力"相比,"命"在这一点上显示出根本性的区别。它否认自身有"制",便是否认了自身有人格和意志。而作者对这一点是非常清楚的。因此,当"命"自己否认了自身意志存在的同时,也就抹杀了自身被拟人化的正当性。由此看来,此段中的"力"根本就是在和一团"无"对话。这也就是为何,此段对话由"力"发起。在这一整段中,"命"的存在不具有正当性,也就是说它实际上并不存在,全部的对话,都是唯一真正具有意志的"力"的自问自答。而更深一步来说,此段完全是"力"之主体——人的自问自答,并且最终,人对自身之"力"的"制"进行了彻底的否定,即人承认自己对于人生没有控制力。其二,"命"是人自身的一部分,它并非一种外在因素,而是完完全全居于人自身的存在之中。而且,作者还有所暗示,即"命"是人与生俱来的因素。段中,实际上并不存在的"命"将自己的运作描述为"自寿自夭,自穷自达,自贵自贱,自富自贫",即"命"是在人的生命内部独立而不假外物地运转着,并且无法被任何外在因素所影响。而这八个"自",让我们联想到天瑞篇首段中描述宇宙本原"道"时的语句:"自生自化,自形自色,自智自力,自消自息。"张湛、俞樾都认为,这是在描述"道"生化万物时"无心"而无不为,也就是说强调了"道"在自身生化作用运行的同时不具有任何意志。而力命篇中对"命"完全相同格式的描述,在证明了我们上一条中所论证的"命"的无意志性的同时,也暗示了"命"与"道"之间的紧密联系。我们知道,在《列子》的生化体系中,"道"赋予其所生具体事物以限定性,而这个限定性构成具体事物的存在。显然,力命篇首段让我们知道,"命"也是这个限定性的一部分,它与人的存在本身不可分割,是人与生俱来的因素之一。了解了这一点,我们才能够真正理解《列子》,特别是力命和杨朱两篇对人类的认知与力量在"命"面前的无力感的大量描述。许多学者将这种无力感总结为"命"的不可知性、不可把握性,或以此将"命"定义为一种"不知所以然而然"的神秘力量。当然,这些都是"命"的性质和特点,但实质上这一系列的性质和特点都是由于"命"根植于人与生俱来的限定性之中。综上所述,我们可以将"命"的基本特征概括为:"命"是来自"道"的人之本质限定性的一部分,它没有意志,自然而然地对人的生命发展及其最终结果产生着决定性的影响。

再次,我们来审视一下作者认为人应当如何对待这样的"命"。在进行这番审视的同时,我们必须注意到历代学者都已经发觉的一个问题,即集中论述"运命"之"命"这一概念的力命与杨朱两篇,对待"命"的态度似乎有所矛盾。如最初为其作注的张湛便已经在注释中提到,力命篇主要是在论述"万物皆有命,则智力无施",而杨朱篇主要是在论述"人皆肆情,则制不由命",这两种态度是相互对立的。如果不为这个似乎自相矛盾的问题找到符合逻辑的解释,我们就很难将《列子》全篇作为一个较为完整的思想体系来看待。而要为此问题寻找到比较令人信服的解答,还是要回到原文的阅读,并从力命与杨朱两篇本身相异的态度及其表达中找寻线索。我们也期望在这一过程中发现《列子》之作者所持有的对待"命"的真正态度。

先来看力命篇对于面对"命"之应然态度的阐发。上文中,我们已经通过对力命篇首段的分析,对"命"的实质有了一个比较清晰的界定,即"命"是无意志的、人本质限定性的一部分。由此出发,作者在此篇的各个段落中,对具体个人应然的、对待这样的"命"的态度,重复多次地进行了论述。在力命篇第五段中,作者对"天地不能犯,圣智不能干,鬼魅不能欺"的、控制着具体之人"生生死死"的"命"发表了一番无奈的叹息之后说道:"自然者默之成之,平之宁之,将之迎之。"此处,"自然者"显然是指真正认识到"命"之所由来并完全接受了这一点的人们。也只有对"命"之本质具有真正了解的人,才能够拥有作者所提出的这种平静地看待"命",并放开自身而完全接受它的平和态度。对于这种态度,在另外两个段落中,作者用了更为简练精准,也更为本质性的表达方式。力命篇第八段和第十段中,都出现了"信命"的说法。对于古代文献中"信"这个字的解释有很多,但在此处,"信"应当解释为"诚于"或"诚之于"。而"信命"即为"诚于命"。这是一种非常本源化的表达。自古以来,在许多中国哲学著作中,"诚"这一概念都表达着作者对于人之具体生命与宇宙本原之间的紧密联系,以及具体之人在觉知这一点的基础上对待自己生命的应然态度。尽管在《列子》中,"诚"一字的出现频率很低,但其所使用的"信"字则完全包含了这层含义。"诚",即"不自欺"[1];而"信命",即认知"命"的本质并在这一点上不自我蒙蔽,并由此真正去面对它。了解了这一点,我们才

---

[1] (南宋)朱熹:《四书章句集注》,中华书局,2006,第48页。

能够理解力命篇第八段和第十段对"信命者"的一系列论述。如"信命者，亡寿夭"，并非指"信命者"真的没有"寿夭"，而是在表达当认识到"寿夭"作为"命"之一部分的本质并彻底接受下来之后，对"信命者"来说，是"寿"是"夭"便已经没有任何分别，也不会再因此惊惧，不会改变自己面对它们时平和宁静的态度；又如"信命者于彼我无二心"，联系前文，可知其所要表达的是"信命者"能够以同一的态度对待自我和外物，因此当面对迷茫不定的外部所遇时，他们也可以自然而然、坚定不移。由上述分析可见，作者在力命篇中对于"命"的最终态度是"信命"，即"诚于命"，并且在此篇中，这一态度自始至终一以贯之，其扩展阐发的指向性也是统一而集中的。而《列子》之中，力命、杨朱以外的篇章里，论述到"运命"之"命"的段落只有两段，即黄帝篇第九段和仲尼篇第一段。后者所论述的问题比较特殊，我们将在后文中专门分析；而前者所表达的"命"之本质以及对待它的态度，与力命篇的阐发基本一致。也就是说，除杨朱篇以外的《列子》全文，都对"运命"之"命"的内涵有着较为一致的界定，也在面对它的态度问题上抱有统一的认识。

　　再来看作者在杨朱篇中所表达的态度。除了我们在上文中已经有所论述的杨朱篇第七段之外，此篇中另一个重点阐发"运命"之"命"的段落是第十五段。在此段中，作者说道："生民之不得休息，为四事故：一为寿，二为名，三为位，四为货。有此四者，畏鬼，畏人，畏威，畏刑：此谓之遁民也。可杀可活，制命在外。不逆命，何羡寿？不矜贵，何羡名？不要势，何羡位？不贪富，何羡货？此之谓顺民也。天下无对，制命在内。"先不论此处作者对待"命"的态度与力命篇有无异同，此段中对"命"之含义的界定显然已经与力命篇有所矛盾。我们已经知道，在力命篇首段中，"命"自己否认了自身有"制"，从而凸显了其无意志、自然而然的特点。而在此段中，"命"不仅是有"制"的，而且这里的"制"还有着"内""外"两个可能的主体。这种根本性的矛盾，让我们很难找到联系两篇中的"命"的途径。显然，只能认为，力命篇中的"命"与此段中的"命"在含义限定上截然不同，即它们所说的不是同一个"命"。这样一来，另一个问题便凸显了出来：杨朱篇的"命"之定义是怎样的？要回答这个问题，可以将此段表述与上文我们已经分析过的杨朱篇第七段联系起来，寻找作者在两段中语句与逻辑上的共性。杨朱篇第七段中最为重要的观念，显然是"性命"一词。而我们已经对"性命"之含义有了较为清楚的界定，即符合社会大众认同的价值观的人生道路，以及走在这条道路上的个人的未来发展；而这种人生道路包括具体的思维逻辑、社会规则、社会地位和切身利益。由此再来关照杨朱篇第十五段中的表述，其中提到了"制命在外"的四个原因，即"寿""名""位""货"。四者之中，"名""位"可以与社会规则和社会地位对应，而"货"可以与切身利益对应。"寿"的问题在杨朱篇第七段中没有特别显著的表达，但我们前文中已经分析过，该段中的"性命"在概括了一切社会价值观的同时，也包含着纯粹肉体生命这一基本含义。这种含义在杨朱篇第二段中,被明确表达为"年命",与"名誉"一词并列出现,并同时成为作者排斥去特别追求的对象,即"名誉先后,年命多少,非所量也"。这种语句排列与价值倾向显示了"年命"与"名誉"一样,是社会价值观的一部分,也包含在"性命"的含义范围之中。这样看来,杨朱篇第十五段所提到的"制命在外"的全部四个因素,都是"性命"这一观念的一部分。反观"制命在内"的部分,作者显然认为上文所说的四个因素都是不必理会的,只要不按照社会价值观来规定自我,就能够做到"天下无对,制命在内"。"天下无对"与力命篇中描述"信命者"时的"于彼我无二心"含义一致,都是指对待内心与外物时的无差别。由上述分析,我们基本可以确定,杨朱篇第十五段中所说的"命"其实是"性命"的意思;而"制命",其实在于是否顺应社会价值观这一固定不变的"性命"。纵观杨朱全篇,这种"命"的含义贯穿始终。而这种与力命篇截然不同的"命",也就是作者在两篇之中对待"命"的态度相互矛盾的根源。由此来看,只有力命篇中的"命"才是真正的"运命"之"命";也只有力命篇表达的态度,才是作者找寻到的、真正的面对"命"的应然态度。

由此而出现的一个更进一步的问题是,《列子》之作者为何要专门在力命和杨朱两篇中设置意义不同的"命",并表明自己相异的态度?要回答这个问题,则必须注意到力命篇之"运命"与杨朱篇之"性命"的另一个相异之处:前者没有"逆"的问题,而后者则在这一点上与前者不同。前文已经分析过，力命篇中的"命"意为具体之人在具体环境中的所遇，并且"命"根植于人之本质的限定性之中，是无意志而自然而然的因素。由这一点出发，我们可以合理地推断出：有"逆命"之可能的前提条件，是人在"命"的问题上有自主选择权；而在《列子》作者的认知中，一个具体的人所做出的一切思考、举动都不可能对"命"产生任何影响，人在"命"这一问题上绝对性地没有选择权，也就不可能"逆命"，甚至连"逆"这个问题都不可能存在。但在以"性命"为论述重点的杨朱篇中，"顺""逆""遁""不违"等表述则时有出现。如杨朱篇第十五段中便提到"不逆命，何羡寿"。联系上下文来说，"寿"是"性命"的一部分，而"逆命"便会"羡寿"，即"逆命"便意味着遵从了"性命"、认同了社会大众的价值观。这样看来，"命"的意义似乎又有所矛盾了，"逆命"为何会等同于遵从了"性命"呢？我们可以通过梳理同篇的其他类似表述来找到一些线索。在该篇其他段落中，表达"顺"及类似意义的语句有："从心而动，不违自然所好""从性而游，不逆万物所好""放意所好""不逆命，何羡寿？……此之谓顺民也""逸乐，顺性者也"等。从这一系列语句来看，作者所要"顺"的对象是"心""自然""性""万物所好""意""民"，等等，其含义囊括了具体个人的意识、肉体喜好、广义的人性，以及"自然""万物"之倾向性。而这一系列的对象，其实都是包含在"性"这一个概念之中的。可以说，在杨朱篇中作者不遗余力所推崇和倡导的关键,在于"顺性"。由此可见,上文所说的"逆命",其实质在于"逆性",而"逆性"则等同于遵从了"性命"。我们在前文已经提到过,杨朱篇第七段将符合大众价值观的"性命"称作"矫情性",认为其实质是人自然之"性"的扭曲,并由此生发出对"性命"强烈的抵触感。显然,作者在现实生活中感受到当时社会的总体价值与自身体感、追求的截然相异,而这种差异给其造成了非常强烈的精神痛苦。但在作者的这种观念体系中,人生于世的这种痛苦,其来源并非"命",而是"性"的扭曲。因此,解脱人生之痛苦的关键不在于反抗"命",而在于反抗造成自身之"性"扭曲的外力。这样的观念系统不仅仅是做到了对"顺性"的倡导,更是在感受上维护了"性"与"命"对具体人生作用的纯洁,并在逻辑上维护了作者自身的终极价值。对于绝大多数社会中的个人来说,当遭遇精神痛苦之时,多半会将这种痛苦归于自己的"命"。如果认同了这种认知,则"命"就由内在的因素变成了外在的阻碍,对于人生的作用便不再单纯,"顺性""顺命"的论证也就变得艰难。而作者将造成痛苦的根源外推到社会价值对"性"的扭曲力上,便同时解放了"性"与"命"两个概念,使得二者在自身的观念系统中不承担任何造成人生痛苦的责任。这样单纯的"性"和"命"是维护作者终极价值的基础。我们知道,道家思想在个人修养上的终极价值在于"自然",即顺应自己的本质而生活。《列子》在这一点上也不例外。自己的本质当然包含着自身之"性",即"性"是个人修养方面终极价值的一部分体现;

与此同时，由于"命"是具体之人自身限定性的一部分，则"命"也是具体个人身上终极价值的一部分体现。虽然，通过我们在前文中的分析，可知"性"与"命"是各自单独作用于人的，二者不会产生相互影响；但将"命"提升为"自然"这一终极价值的一部分，在《列子》思想体系中则是一个重要的环节。"命"对人来说具有绝对的不可抗拒性，这也就意味着"自然"对人来说的不可抗拒性。在这一层意义上，"性"与"命"的关系让人联想起《孟子》中所论述的"居仁由义"。虽然不是太恰当，但我们可以将《列子》中"自然"这一终极价值在人身上的体现概括为"居性由命"。对于一个具体的人来说，"性"为之指引人生所趋向的应然方向，"命"则是必须接受的人生轨迹。由于二者都具有不同程度的绝对性，"自然"之外的一切其他选择都被排除了。具体之人除了以"自然"的方式生活下去之外，没有其他可走的道路。如此一来，"自然"这一终极价值便以绝对不可抗拒的姿态被树立了起来。这便是作者在真正讲述"命"之本质的力命篇之外，另设杨朱篇来论述"性命"问题的本质原因。

最后，我们可以来略微审视一下仲尼篇第一段。之所以将此段单独列出并分析，是由于这一段落是《列子》中唯一的、以显著的道家思想立场来关照儒家思想的段落。通过对它的分析，我们可以得知《列子》作者作为一个道家思想本位者，对于儒家思想——特别是儒家的"命"思想——抱有怎样的看法。此段基本由孔子与颜回的对话组成，其实质为寓言故事。对话的真实性自

第五章　"不知其所以然而然"——列子之"命"

然很低，这一点我们不必深究，只关注对话所要表达的主题和倾向性即可。对话的缘起，是众弟子察觉孔子不悦，颜回前往询问老师不悦的原因。而略微的试探之后，两人的对话重点便集中于孔子对"乐天知命"一说的重新阐释。当然，由于作者的道家立场，这一段对话的最终走向可以想见，必定是认为"乐天知命"之说不及作者所认为的"无乐无知"又"无所不乐，无所不知"。但此处的重点，是作者认为"乐天知命"的最大弱点在于何处。原文语句中提到："修一身，任穷达，知去来之非我，亡变乱于心虑，尔之所谓乐天知命之无忧也。曩吾修诗书，正礼乐，将以治天下，遗来世；非但修一身，治鲁国而已。而鲁之君臣日失其序，仁义益衰，情性益薄。此道不行一国与当年，其如天下与来世矣？吾始知诗书、礼乐无救于治乱，而未知所以革之之方。此乐天知命者之所忧。"从其所用的总括"乐天知命"之含义的几句话来看，《列子》作者对于儒家"乐天知命"的理解并无太多偏差，并未否定"乐天知命"之说。但此段中最为重要的一句话，是"此道不行一国与当年，其如天下与来世矣"。即作者认为儒者的"乐天知命"是指看淡了自身的"命"并能够不为此"变乱于心虑"，但他们无法回避的一点是对于自身所持之"道"的忧虑。在作者看来，孔子认知到自己无法活着看到自身之"道"行于天下，因此"修诗书，正礼乐，将以治天下，遗来世"。这是将自己的"道"寄托于未来，相信它有朝一日能够实现。但这种对未来的寄托是完全虚无的，因此作者设问："此道不行一国与当年，其如天下与来世矣?"而当意识到此种寄托之虚无,即认知到自身之"道"可能永远没有实现的那一天的时候,"诗书礼乐"便会全部失去意义,而且也无法找到让它们变得有意义的办法。由此,作者破除了"乐天知命"所显示的"无忧"状态,而展示了"乐天知命"者仍旧存有的深刻忧虑,即对"道"之"命"的忧虑。当然,这是作者完全以道家立场所进行的揭示,与真正儒者的境界仍旧是有所错位的。但由此我们可以窥得《列子》之作者对于儒家思想的一些见解和看法。显然,在作者看来,"乐天知命"最致命的一点,是它一定程度上仍旧有所外求,即相信世界总有一天能够接纳自己的"道"。而解决这一问题唯一的办法就是彻底放下对于"道"的执着,因此作者在后文中说:"无乐无知,是真乐真知;故无所不乐,无所不知,无所不忧,无所不为。诗书礼乐,何弃之有?革之何为?"在"无乐无知"的状态下,"诗书礼乐"不再具有那样重要的意义,因此只要"即之不离"就可以了。我们可以看到,在此段中,作者并未对"乐天知命"采取激烈的排斥或否定态度,而是在某种程度上理解,继而忧虑这种取向。我们甚至可以从这种忧虑中感受到一丝对"乐天知命"的儒者们的怜悯感。尽管我们不能确定是否大多数道家思想本位者都对儒学持有类似的态度,但至少可以说,《列子》之作者对待儒学思想的态度是一种在自认更高基础上的理解和怜悯态度。

通过以上的梳理,我们已经对《列子》之"命"有了比较全面而确切的认识。可以说,《列子》对于"命"的论述及其所构建的系统，与其他思想系统相比有着比较突出的独特之处。"命"这一概念是《列子》宇宙论之下的个人修养观的核心，它对自身终极价值之绝对性的确认和维护，在同类的思想系统中都是较为极端的，不太容易为人所接受。也正是因为这一点，《列子》这方面的思想在历史上被批驳的频率很高。但作为一个思想系统来说，其独特之处是区别自身与他人的关键所在，因此理清《列子》"命"观念对于梳理《列子》全书的概念系统及其思想体系都有着非常重要的作用。

第六章
"顺天之志，强力而为"——墨子之"命"

墨子反对宿命论的思路在先秦思想家之中是比较特殊的。他以一种"天命靡常"的命不定论思想去抵抗万事万物皆由命运所决定的宿命论思想，这种命不定论被墨子命名为"非命"论。而且这种论调不是泛泛地针对宿命论，而是有着实际的批判对象，即孔子和以他为代表的儒学命运观。但这种批判是基于墨子对孔子思想的误解而产生的。墨子在专门批判儒学思想的非儒篇中，认为儒学持有"强执有命以说议曰：寿夭贫富，安危治乱，固有天命，不可损益。穷达赏罚，幸否有极，人之智力，不能为焉"[1]的宿命论观念，并在非命上篇开篇用直白的口吻说道："执有命者之言曰，命富则富，命贫则贫，命众则众，命寡则寡，命治则治，命乱则乱，命寿则寿，命夭则夭，命虽强劲何益哉！"可以说，墨子是在并未完全深入理解孔子思想的前提下，对儒学命运观发起批判的。但实际上，这种误解在当时并不罕见。上文中我们已经提到过，《论语》中记载了不少孔子感

[1]（清）孙诒让：《墨子间诂》，中华书局，2001年。此章所引《墨子》原文均出自此书。

叹人在"命"面前无奈和无力的话语,例如,颜回英年早逝之时的"天丧予,天丧予",以及"道之将行也与,命也;道之将废也与,命也"等等。尽管我们已经分析过,孔子是以一种充满勇气和尊严的态度来面对自身命运的,但是上述一些话语的存在仍旧使得不少同时代的人们误解了他的命运观。因此可以说,墨子对宿命论的批判是值得肯定的,毕竟宿命论是一种较为原始和粗糙的"命"论,以神化必然性和否定人的力量来使人顺服命运、安分守己;但其认为孔子和儒学的"命"论是宿命论代表,则是偏离事实的。

一、"非命"之论

"非命"论这个命名让很多人误解墨子认为"命"不存在,但事实上并非如此。墨子主张的不是没有"命",而是"命"能够被改变,因此可以说是一种命不定论。墨子在批判宿命论让人放弃自身努力的同时,肯定了"天"或"上帝"的存在,它作为人类世界的主宰,会按照人们的各种表现进行嘉赏或惩罚。"天命"本身便是"上帝"的意志,这种意志是会随着人们品行的改变而改变的。因此只要改善自己的行为,便能够获得"上帝"的认可和嘉赏,从而改变自己不好的"天命"。这种"命"论与我们上文提到过的西周时期主流的遵从"天命"的观念非常相似,并且在墨子的非命篇中有大量的描述。非命上篇中批判宿命论思想时说道:有德的贤明君主来治理国家的话,就会受到"上帝山川鬼神"的认可和保佑,因此国家必定会走上正轨。墨子在这里用"古者圣王之事"为范例来论证自己的观点:古代的贤君汤被封在"亳"这个狭小的地方,但他"率其百姓以上尊天事鬼",对鬼神上帝表示了尊崇,因此得到了上帝的认可,从而"天鬼富之,诸侯与之,百姓亲之,贤士归之,未殁其世,而王天下、政诸侯",变成了天下的治理者;此后治理天下的周文王也是同样的情况,一开始被封在岐周,土地窄小又贫瘠,但就是因为"与其百姓兼相爱,交相利",从而获得了天鬼的保佑,成功地推翻了殷王朝的统治,最终君临天下。而与这些圣王相反的暴君呢?夏桀相信自己身负"天命",因此不注意后天德性和品行的修养,惑乱宫廷、虐待百姓,因此被"上帝"憎恶而失去了天命,继而"亡失国家,倾覆社稷"。暴君殷纣也是如此,获得天命之后就认为天命永远不会变,不再为百姓社稷而努力,最终"天亦纵弃之而弗葆",得到了同样悲惨的下场。从这些论述都可以明确地得知,在墨子眼中,固定不移的"天命"并不存在。"天"会保佑有德之人,惩罚淫暴之人,因此"天命"完全是可以通过后天行为而改变的。墨子在书中也曾引用《尚书》等一些典籍中的文句,一方面批判那些相信"谓人有命"从而骄纵贪婪的宿命论统治者们;另一方面则肯定了"天有显德,其行甚章","上帝不顺,祝降其丧"。在他的眼中,宿命论思想之所以是错误的,并不是因为其他的问题,主要是因为它歪曲了"天命"本来的面目。人类的命运并非像宿命论者所认为的那样是"上帝"从一开始就决定好且永远不变的,而是"上帝"根据人们的具体品行表现来给予的。

联系汉代儒学学者们在《白虎通义》之中对"天命"所做的更加细致的分类,我们可以更深入地了解墨子的这种"命"观念。《白虎通义》大致上把"命"分成三个种类,并认为"天命"与之相对也有着三种不同的表现情况:第一个种类是"寿命",它控制着人的生老病死,是生来就已经注定、人力所不能够影响和改变的;第二个种类是"随命",它是会根据人的具体行为和品行表现而改变的,而这种命存在的价值是"使民务仁立义"、敬奉上天;第三个种类是"遭命",它是完全偶然的意外遭遇,与个人道德品行等因素都没有关系。这种"三命"的论调,把宿命论思想与西周的"天命"观融合了起来,认为一切都是"天意"的表现。由此观察,墨子在非命篇之中否定了的"命",其实是《白虎通义》中论述的"寿命"这种类型;墨子在非命篇之中所肯定的"命",正是《白虎通义》中的"随命"这种类型,并且在《白虎通义》中,"随命"的用意也与墨子一样,是为了让人民信守良好的道德,努力过好自己的生活。由此可见,墨子的"非命"论思想,实质上是希望以"随命"论代替宿命论。

二、"非命"与"天志"、"明鬼"的一致

墨子的"非命"论与他"尊天"、"明鬼"的主张是相辅相成

的。如果将《墨子》的非命篇与天志篇、明鬼篇相联系来看,就可以明确地察觉三者之间的相互贯通关系。

墨子在天志篇和明鬼篇之中所表述的思想,其实与我们在上文中分析过的非命篇中天行赏罚的天命观是高度一致的。例如,墨子在天志上篇中说道:"当天意而不可不顺,顺天意者……必得赏;反天意者……必得罚。"然则是谁顺天意而得赏者?谁反天意而得罚者?子墨子言曰:"昔三代圣王禹汤文武,此顺天意而得赏也;昔三代之暴王桀纣幽厉,此反天意而得罚者也。然则禹汤文武其得赏何以也?子墨子言曰:其事上尊天,中事鬼神,下爱人,故天意曰:'此之我所爱,兼而爱之;我所利,兼而利之。爱人者此为博焉,利人者此为厚焉。'故使贵为天子,富有天下,业万世子孙,传称其善,方施天下,至今称之,谓之圣王。然则桀纣幽厉得其罚何以也?子墨子言曰:其事上诟天,中诟鬼,下贼人,故天意曰:'此之我所爱,别而恶之;我所利,交而贼之。恶人者此为之博也,贼人者此为之厚也。'故使不得终其寿,不殁其世,至今毁之,谓之暴王。"这一大段的论述,与我们在上文中所引的《墨子·非命》篇中的内容完全一致,都是表明顺应上天的意志提高德行便会受到奖赏,违逆上天的意志骄奢淫逸便会受到惩罚,仍旧是"以德配天"的天命观。在天志中篇里面,墨子引用了《诗经·大雅》中的诗句,"曰:'帝谓文王,予怀明德,不大声以色,不长夏以革,不识不知,顺帝之则。'帝善其顺法则也,故举殷以赏之,使贵为天子,富有天下"。此段中论述的就是,周文王顺应"天帝"的意志与法则,从而获得了"天帝"的喜爱,于是"天帝"便将殷商的统治权力作为赏赐赋予了文王。这正是对"天眷有德"这种传统天命观念的发挥。墨子的思想具有浓厚的宗教色彩,这一点在他的鬼神观念之中有着非常明确的表现。他将西周时期的"至上神"与多神统一起来,形成了一个神的系统:"天"是这个系统中地位最高的人格神,主宰着其他的神;鬼神是"天"的下属,辅佐着"天",并且也拥有一定程度的赏罚能力。人不但被"天"的意志所掌握着,同时也受到鬼神意志的影响,因此不仅仅要尊"天",同时也要尊敬鬼神。墨子在明鬼篇里认为"鬼神之能赏贤而罚暴也",并且"虽有深溪博林、幽涧毋人之所","见有鬼神视之",因此人必须要时时注意自身的行为,"不可以不谨"。他在这里也引用了"古者圣王之事"作为论证的依据:"古者圣王必以鬼神为有,其务鬼神厚矣。"因此才得到了天帝和鬼神的长久保佑,最终统治天下,其贤明到现在都还在流传。而与此相反的是,"昔者夏王桀贵为天子,富有天下,上诟天侮鬼,下殃傲天下之万民……故于此乎,天乃使汤至明罚焉",因此商朝取代了夏朝;而汤的后代也犯了同样的错误,最终"天乃使武王至明罚焉",商朝的天下被周朝所统治了。这里的观点与非命篇中论述的"命"论也是完全一致的。

另外,墨子所写的天志篇、明鬼篇、非命篇不仅仅在理论上相似,而且连引文都有着比较大的雷同。例如非命上篇、非命中篇与天志中篇里都引用了《尚书·泰誓》中的文句:"《泰誓》曰:

纣夷处,不肯事上帝鬼神,祸厥先神禔不祀,乃曰吾民有命,无廖排漏,天亦纵弃之而弗葆。"(此为非命篇所引,三处文字略有不同)此段是以殷代纣王的事迹为例,认为对"天"、"鬼"不予以尊敬和祭祀的话就会遭受惩罚。这样征引同样文字的情况应该并非偶然,而是墨子本来就认为这一段文字最适合证明自己想要表达的观点。这就表明墨子的"非命"论与他"尊天"、"明鬼"的主张之间,本来就存在着高度的一致性,以至于墨子使用了同样的引文对它们进行论证。其实,墨子所持的命不定论观点弥漫在他各个方面的主张之中,远不仅仅是"尊天"和"明鬼"而已。其中在非攻下篇之中就有着类似的表述,并且这一段表述所体现出来的宗教色彩在先秦各家学派的著作中都是比较罕见的:"古之仁人有天下者……率天下之百姓,以农臣事上帝山川鬼神,利人多,功故又大,是以天赏之,鬼富之,人誉之,使贵为天子,富有天下,名参乎天地,至今不废。此则知者之道也,先王之所以有天下者也。……逮至乎商王纣,天不序其德,祀用失时。……赤鸟衔珪,降周之岐社曰:'天命周文王伐殷有国。'……武王践功,梦见三神曰:'予既沈渍殷纣于酒德矣,往攻之,予必使汝大堪之。'武王乃攻狂夫……此即武王之所以诛纣也。"这些段落采用的几乎是一种神话性质的表述,将商朝统治逐渐败落的原因归结为商王不再敬天尊鬼,将周武王伐纣成功的缘由归结为神的旨意,并且还有着神灵向武王托梦来传递意旨等情节。这些段落将墨子认为"天"是拥有人格和意志的至上神,以及"天"对表现不同的统治者予以赏罚的观念淋漓尽致地表现了出来。可以说，墨子的"天命"思想是一以贯之的。"天"拥有意志、"上帝"创造世间的一切并主宰人类世界的思想，是墨子对一系列哲学问题的统一回答，可以说这便是墨子学说的理论基础。因此，这一理论基础自然贯穿着墨子在各个方面的全部主张，"非命"论自然也是其中的一个环节。

有不少人认为墨子学说在先秦诸子学说之中是最为认可人本身的力量的，这种想法的原因，便是墨子有着"尚力"和"非命"的思想，且在当初那个年代，墨子的理论受到了广大人民的欢迎。但前文中我们已经证明，墨子的"非命"理论事实上有着极强的宗教色彩。而"非命"说之中的"尚力"观点也与此相通，并且和人们顾名思义的想象有着一定的差距。墨子在自己的"非命"说中，为了抗衡宿命论给人们造成的无力感和放弃努力的想法，突出强调了人主观努力的作用，提倡人们"强力而为"、"竭力从事"。墨子认为人与一般的动物有着决定性的不同：动物只有依靠自然界的恩赐才能生活，"因其羽毛以为衣裘"，"因其水草以为饮食"，因此不需要耕织劳作便能够生存下去；但人与动物不同，是要依靠自身的劳动，从劳动中获取衣物和食物来维持生存的，"赖其力者生，不赖其力者不生"，不劳动就会活不下去。而从生存的层面扩展到社会的层面，社会现实的好坏也取决于人自己的努力：对于处于统治地位的贵族诸侯来说，也必须要尽心竭力地担负起自己的职责，因为"强必治，不强必乱，强必宁，不强必危";而对于一般从事手工业和农耕的百姓们来说更是如此,"强必富,不强必贫,强必饱,不强必饥"。在墨子眼中,宿命论是完全错误的,人面对自然环境和社会状况时都不是无力的,人类可以进行选择,也可以通过努力来使得状况向好的方面转化。墨子相信不仅"天"能够干预人的行为,人的行为也同样能够感应"天",这种天人相感应的认知是墨子贯穿于各个篇章之中的一个基本思想线索。例如他说"天欲义而恶不义","我为天之所欲,天亦为我所欲",并且用事例来论证道:"昔者三代圣王尧舜禹汤文武者","率天下之万民,以尚尊天事鬼,爱利万民,是故天鬼赏之,立为天子",并认为自然界发生的灾害也是"天"对人类的警告,"若天降寒热不节,雪霜雨露不时,五谷不熟,六畜不遂,疾灾戾疫,飘风苦雨,荐臻而至者,此天之降罚也,将以罚下人之不尚同乎天者也"。与此相反,当"天"对国家治理或某些事情表示支持或认同时,就会"寒热也节,四时调,阴阳雨露也时,五谷熟,六畜遂,疾灾戾疫凶饥则不至",甚至会发生"赤鸟衔珪"、"河出绿图"、"地出乘黄"之类象征吉祥的特异现象。这在中国哲学史中是最早的有关天人感应观念的完整表述,显然后世的董仲舒等汉初学者借鉴了不少墨子的思想因素。墨子提倡人们以自身的努力改变自身的处境,这种倡导无疑包含着合理的因素。在此之上,他用天人感应的理论,从"天"的等级上保证了人的努力必定会有所回报,这提升了人们面对现实世界的勇气,起到了鼓励人们努力进取的作用。可以说,这也是墨子的学说在那个时代能够广为流传的原因之一。

　　尽管我们肯定墨子"强力而为"观点之中的合理性因素,但这并不意味着这种观点就是完全值得肯定的。因为墨子这种强调主观努力论调的基础,是宗教色彩浓厚的神学目的论,即认为自然界与社会生活中一切的规则都是由"上帝"出于某种目的而安排好的。对于宇宙自然、人类社会的诞生和塑造问题,墨子有着这样一段论述:"且吾所以知天之爱民之厚者有矣,曰:以磨为日月星辰,以昭道之;制为四时春秋冬夏,以纪纲之;雷降雪霜雨露,以长遂五谷麻丝,使民得而财利之;列为山川溪谷;播赋百事,以临司民之善否;为王公侯伯,使之赏贤而罚暴;赋金木鸟兽,从事乎五谷麻丝,以为民衣食之财。自古及今,未尝不有此也。"在墨子的眼中,不管是星辰日月的运行、季节气候的变化、地形地貌、风霜雨露,还是国家制度、社会环境,都是上天的安排,并且都是"天之爱民之厚"的具体表现。这便是一种属于神学目的论的理论。而墨子所谓的"强力从事",事实上是指完全顺应上天的意旨而从事。在墨子的理论体系之中,"强力从事"与"天志"是一脉贯通的,而非相互割裂的。而将"强力从事"与"天志"理论连接起来的中介,是墨子以"义"为核心的社会伦理思想:人自生来就已经处于从"王公大人"到"农与工肆之人"的不同地位,他们各自有着自己的"分事"。墨子还对君王的权力做了宗教信仰方面的论证,认为"古者上帝鬼神之建设国都,立正长也","天之欲同一天下之义也,是故选择贤者立为天子","天子者天下之穷贵也，天下之穷富也"，由此君主便拥有了被宗教神学保证了的绝对权威。由此，每一个等级的人们都需要根据上天分配自己的职责来"竭力从事"。与此同时，墨子又给人们在社会生活中的行为规定了一整套的"仪法"，即道德准则。这一套道德准则的内容很多，例如"君惠臣忠"、"父慈子孝"、"兄长弟悌"、"兼相爱交相利"，等等，墨子将它们统称为"义"。以遵守"义"的程度为准则，墨子又把普通人分为"贤"与"不肖"两种，把君主分为"圣王"和"暴王"两种，把国家的治理状况分为"义政"与"力政"两种。那么，这个作为衡量人与社会事务好坏标准的"义"，其来源又是哪里呢？墨子在天志下篇中回答道："天之志者，义之经也。"也就是说，"义"来自上天，而"义"的基本准则便是"顺天之意"。由此可见，在墨子的伦理道德体系中，"天"的意志才是一切道德原则的根本源头，"君惠臣忠"、"父慈子孝"、"兼相爱交相利"等全部都是上天的规定。

归根结底，墨子所说的"强力而为"，不过是要求人们顺从"天之意""各从事其所能"，然后按照上天分配自己的位置"能谈辩者谈辩，能说书者说书，能从事者从事，然后义事成也"。在墨子的眼中，"强力而为"、"竭力行义"、"顺天之志"三个说法本质上是同一件事。他极为重视对"义"的遵守，认为"（天下）有义则生，无义则死；有义则富，无义则贫；有义则治，无义则乱"；而这个"义"是由上天的意志所决定的，"欲为义者，则不可不顺天之意矣"。所以要做到"强力"则必须要"行义"，而要"行义"

则又必须要"顺天"。归根结底,"强力从事"必须按上天的意志来行事。而"天之意"是"欲上之强听治也,下之强从事也"的,就是说"天帝"最喜欢的就是努力生活、尽己义务的人。由此可见,墨子在论述"天志"的同时又提倡"强力",二者看似有些矛盾,但其实毫无矛盾。

三、墨子的"非命"论与其他各家学说相差较大

《吕氏春秋》中记载,"墨翟贵兼";《庄子》中记载"墨子泛爱兼利而非斗"。这些记载都是真实的。在那个年代绝大多数的思想家,其思想的归结之处都是政治思想,人们讨论人性、讨论命运,最终都是为了找到治理国家的正途,从而构建自己的理想国度。而墨子的政治主张是维护稳定:它一方面充满了对"农与工肆之人"的理解和同情;另一方面维护当时的制度体系,提倡"事上竭忠",反对"下乱上"、"民之为淫暴"等破坏社会稳定的行为。或许这样的政治主张才是最为当时的百姓所认同的:一方面厌恶当时骄奢淫逸的统治者们,渴望能够获得更好、更平稳的生活;另一方面又惧怕变革带来的社会动乱,追求安定的政治制度。墨子思想的这两方面要求同样贯穿在他的各个观点之中,"天志"、"明鬼"、"非命"也不例外。

墨子学说中也有着人人平等的思想,但这种平等是在"天"和"鬼"面前的人人平等。例如"鬼神之所赏,无小必赏之;鬼

神之所罚,无大必罚之",此处的"小"是指社会地位上的小,即普通百姓或者奴隶,而"大"也是社会地位上的大,即天子、诸侯、贵族等。这是指鬼神的赏罚是不论社会地位而一律平等的。并且表明"鬼神之罚,不可为富贵众强、勇力强武、坚甲利兵,鬼神之罚必胜之",即无论一个人有多少军队和武器,都无法阻挡鬼神对他降下惩罚。这样的理论,一方面是希望以"天"、"鬼"的震慑来制约统治者的行为,规劝统治者为了自身和国家的长久利益,对人民和政事更加认真谨慎,以达到"政治而国安"的目的。而另一方面,这种平等仍然没有放弃上天规定人的地位和职责的论调,从而使得人民不再为改变自身命运而努力,只是接受自己的地位,努力去做自己该做的事情。而这其实也是墨子用"非命"说批判宿命论的另一个原因。他在非命上篇中说:"今用执有命者之言,则上不听治,下不从事。上不听治,则刑政乱;下不从事,则财用不足。上无以供粢盛酒醴,祭祀上帝鬼神;下无以降绥天下贤可之士,外无以应待诸侯之宾客,内无以食饥衣寒,将养老弱。"也就是说,墨子认为宿命论不但对个人有害,对国家政治的正常运行也有害。如果听信了宿命论的论调,统治者就会不理政事,劳动者就会不再努力生产。统治者们不理政事会导致法律混乱,劳动者们不努力生产就会没有足够的财产物资,最终导致国家内外交困。因此,为了防止这样的混乱和贫困,就必须由上到下提倡"强力从事"。如此一来,统治者的"强力从事"能够保证社会秩序顺畅,劳动者们的"强力从事"会保证国家有足够的财产物资,如此便能够保持稳定的社会秩序,人民便也不会再犯上作乱。这样的政治理论,在今天看来或许非常不切实际,但在当时的社会环境之下却受到了百姓的热烈欢迎。墨家能够在当时形成一个强大的学派,且拥有自己类似公社一样的组织体系,便是一个例证。由此可见,在那个动乱的时代,人们最为迫切的要求其实就是社会稳定。

与同一时代其他学派的诸多思想家相比,墨子的"命"论和"天命"观念可以说具有最浓厚的宗教信仰色彩,也最不符合当时的思想发展潮流。与墨子在同一时代发展的,主要有儒家思想和道家思想。儒、道、墨三个学派都对如何看待"天"、"鬼"这个问题做出了自己的回答。作为道家思想源头的老子思想,将独立于具体世界之外的"道"作为最高本体和宇宙本源,彻底抛弃了作为人格神的"天"和"上帝",并认为"以道往天下,其鬼不神"、"其神不伤人",[1] 也就是说鬼神虽然存在,但与人完全是两个层面的事物,不会对人的生活产生任何影响。而作为儒学思想源头的孔子,则明确地对鬼神表达了疏远的态度,以至于"子不语怪力乱神",只与人们谈论学问,从不提及鬼神之事。也就是说,孔子虽未明确地说明鬼神是否存在,但他认为鬼神即使存在,也是人力所能触及的范围之外的存在,因此保持"敬鬼神而远之"的态度才是明智的。与老子和孔子相比,墨子思想显然具有最浓厚的宗教观念。这种浓厚的宗教观念来源于夏商周三

[1] 陈鼓应:《老子今注今译》,商务印书馆,1998年,第41、53页。

代的信仰体系。对此，墨子自己在文中有着明确的记述："故尚者夏书，其次商周之书，语数鬼神之有也，重有重之……以若书之说观之，则鬼神之有岂可疑哉"，"古者圣王，皆以鬼神为神明，而为祸福"，"昔三代圣王，禹汤文武……莫不犓牛羊，豢犬彘，洁为粢盛酒醴，以祭祀上帝鬼神，而求祈福于天"。他明确认为"上帝"、"天"、"鬼神"不仅存在，还拥有主宰人世的力量，并且将"天志"作为人们道德品行的标杆。从墨子对儒学天命观的批判中也可以看出这种对鬼神的信仰："儒之道足以丧天下者，四政焉。儒以天为不明，以鬼为不神，天鬼不说（悦），此足以丧天下。"也就是说，他认为儒学的错误在于不相信"天"的存在，认为鬼神是没有任何实际作用的虚设，否认"天"与鬼神所具有的根据人们道德品行的实际表现来赏善惩恶的能力。这种对传统宗教观念的忠诚，或许集中体现了当时广大人民群众所持有的主流宗教观念和鬼神观念。但在春秋战国大变革时代宗教观念逐渐衰落的思想潮流之中，墨子的观念是与潮流背道而驰的。

事实上，春秋战国时代宗教思想衰落的潮流并非只表现在"士"阶层的精英思想之中，也越来越显著地表现在普通人民的生活和话语之中。这些改变可以从记载了大量普通人生活和语言的《诗经》之中找到。根据西周乃至之前的传统观念，作为至上神的"天"永远是最为明智和公正的，"明哲唯天，君临下土"。但渐渐地有一些歌谣中出现了这样的表述："民今方殆，视天梦梦"，"浩浩昊天，不骏其德"，"旻天疾威，弗虑弗图"，"昊天不佣，降此鞠讻。昊天不惠,降此大戾","疾威上帝,其命多辟"。[1]这些歌谣尽管没有彻底否定"上帝"或"天"的存在,但表达了对"天"的不满,有的觉得"天"就像梦境一样缥缈,有的则怀疑"天"所降下的命运的正义性。这在过去是不可想象的事情。而关于统治者也渐渐不再信仰"天"的记载更是不胜枚举。在传统的信仰观念里,一切祸福遭遇都是"天"的旨意,是"天"所安排好了的。但《左传》中记载了大量这个时期的统治者们否认天意的言论。例如,郑国子产所说的"天道远,人道迩,非所及也",随国季梁所说的"夫民,神之主也,是以圣王先成民,而后致力于神",[2] 等等。从《诗经》和《左传》的大量此类记载中可以看出,自春秋时代开始,宗教信仰观念的衰落是一场广泛的思想变革,这种变革的思潮是与当时社会整体的大变革相辅相成的。而墨子思想处于这种思想潮流之中,却力求复兴"天"与鬼神的信仰权威,确实是一种比较特殊的思想学派。[3]

四、真实的墨家学派

这种特殊性大概与墨子的出身有着比较紧密的关联。墨子是春秋战国时期唯一一个彻底出身平民的哲学家、思想家,他尽管有着贵族的先祖,但自身从出生起便过着较为贫寒的生活。

[1] 程俊英:《诗经译注》,上海古籍出版社,2012年,第253、715页。

[2] 杨伯峻:《春秋左传注》,中华书局,2009年,第142、75页。

[3] 卢枫:《墨子"非命论"新议》,《孔子研究》,1986年第4期,第47页。

墨子少年时代曾经做过牧童，也学会了一系列的木工手艺。也正是因为如此，后世流传他制作木具器械的技艺比公输班还要高明，也有着不少关于墨家机关技术的传说。墨子经常自称"鄙人"或"布衣之士"，并不避讳自己贫寒的出身。当然，作为没落贵族的后裔，墨子也受到了必不可少的文化知识教育。可以说，他是一个有一定文化知识，在思想意识上又比较接近工农小生产者的"士"，对"农与工肆之人"非常了解，且抱有相当的亲近和同情。

自年轻时开始，墨子便以一介平民的身份，穿着草鞋靠步行在各地游学，接触到了各家学派的思想，也见识了广阔的世界和复杂的社会现实。尽管后来墨子在其著作中对儒学有着诸多批判，但他也曾经在儒者门下学习《诗》《书》《春秋》等儒家所重视的典籍，接触孔子思想。并且在后来所构建的思想体系中，墨子也使用了不少儒学所惯用的词汇，例如"孝"、"慈"、"仁"、"义"等。但最终，由于思想上的不合，墨子还是离开了儒门。孔子所创立的儒学思想，受到古代礼法文化很深的影响，而墨子的思想与底层劳动人民的思维状态更为贴近，这种差异是不可调和的。墨子日后正是在自身大量的底层经验之上，吸收了各家元素，另立新说。从此，他开始在各地讲学授徒，以较为激烈的言辞抨击儒家学说以及当时各个诸侯国的暴政。这种批判和抨击得到了大批手工业者和下层士人的共鸣，人们开始追随墨子，由此墨家学派逐步形成，成为当时影响力巨大的一家学派，一时间与儒学并列为"显学"，在当时的百家争鸣中，有着"非儒即墨"的说法。

与此同时，墨家的组织体系也逐渐形成了。就如同墨家学说在当时的诸学说中十分特殊一样，墨家组织体系在当时也是一个非常有趣的特例。它不同于其他学派松散自由的学术团体气氛，是一个有着严密组织纪律的集团。组织之内的成员全部穿适宜劳动的短衣、草鞋，参加团体劳动，相互扶持并绝对服从组织安排。如果有人违反了组织纪律和原则，轻则开除，重则处死。墨家团体的最高领袖被称为"矩子"，团体内的成员都自称为"墨者"。组织的最高权力由"矩子"代代相传，所有墨者都必须服从"矩子"的指挥，即使是"赴汤蹈火"之事，也会"死不旋踵"。第一任的"矩子"自然是墨子，后来的"矩子"有孟胜、田襄子、腹䵍等。负责执行法度的"矩子"也并不凌驾于墨家的组织规则之上。第三代的"矩子"腹䵍的儿子在秦国犯了杀人罪，本来应该依法处死。但秦惠王考虑到腹䵍已经年老，且只有一个儿子，就命令网开一面。但腹䵍却说，墨者之法中有规定："杀人者死，伤人者刑。"禁止杀人伤人，这不仅仅是秦国的法规，也是墨家的法规，它是非常必要的措施，符合"天下之大义"。如果因为某些值得同情的理由就网开一面，破坏了法规的严肃性和绝对性，那才是真正损害"天下之大义"的行为。最终，腹䵍还是坚持给自己的儿子判了死刑。法律与人情，究竟哪一方更有意义、更加重要，诸家学说都有过种种站在各方立场上的讨论。但身为"矩子"的腹䵍坚定地选择送儿子赴死，不仅显示了他遵守原则的信念，也显示了墨家组织纪律的严明。

因此，墨家并非一个单纯的学术团体，它是一个成员之间相互扶持的生活社团，更是一个具有很强政治性、宗教性的集团。当时的墨家集团经常出于自身的政治倾向、政治信念而派出弟子支援弱小的国家或者势力。而由于这种支持、同情弱者的倾向，墨家也经常会被某些势力所利用，从"矩子"孟胜为阳城君守城的故事中便能看出端倪。孟胜与楚国贵族阳城君是上下属，也是相知的好友。先前，国君楚悼王重用名将吴起，一方面使得改革推行、国力变强，另一方面改革触动了大量的利益关系，很多大臣因此而痛恨吴起。楚悼王去世后，吴起失去了国君的支持和保护，众大臣群起作乱，要杀死这位名将。最后，无处可逃的吴起故意伏在楚悼王的遗体之上。众大臣用乱箭射杀了吴起，但其中不少箭也不可避免地射中了楚悼王的遗体。而在楚国有法律，损毁国君的遗体是死罪，且罪连三族。楚国太子继任为楚肃王之后，出于自身的利益，他严格遵守法律，要将"射吴起并中王尸者"处死并株连三族，当时共有七十多个贵族家族被牵连。阳城君也是参与射杀吴起的贵族家族之一，他得知这一消息后迅速逃离了自己的住地，躲藏了起来。找不到阳城君的楚肃王转而下令收回阳城君的封地。当国君的军队来到此处，要求收回封地时，受到了孟胜和其率领的墨家弟子的阻拦。因为阳城君在外出之时请孟胜和墨家弟子为其守护领地，并将一只玉璜分成两半，将其中一半交给孟胜作为信物，传令者携带玉璜的另一半，如果两半能够相合，则可以证明是阳城君的命令。国君的军队自然并没有拿着阳城君的信物。双方就此发生了冲突，国君的军队开始攻打阳城君的领地，而孟胜认为既然受阳城君所托，就必须为其守护封地。孟胜的弟子徐弱劝告老师，事已至此，即使是死，也不能再对阳城君有任何帮助，强守封地将令墨家损失惨重，并非良策。孟胜却认为，自己既然作为墨家首领而许下了诺言，就必须守诺到底。如果不守诺言，将来就不会再有人信任墨者。另外，自己会将"矩子"之位传给宋国的田襄子，墨家仍旧会延续下去。徐弱听了孟胜的话后，拜别老师，参与了守城的战斗，并死于其中。孟胜派出了三个传令者，将田襄子继任"矩子"之位的消息传递了出去，然后奋战至死。跟随孟胜赴死的墨家弟子多达一百八十人。三个传令者到宋国转告田襄子继任首领后，又决定返回楚国与孟胜共同赴死。田襄子以"矩子"的身份命令三人留下，但却遭到了他们的拒绝。

这个真实的故事是一曲墨家的悲歌，也是墨家精神的集中展现。在现代人看来，"矩子"孟胜显然是被阳城君所利用，从而与国君楚肃王发生冲突，造成了墨家的惨重损失，自己也命丧于此。出于对阳城君的情感和信任，孟胜承诺为其守城。但当大军兵临城下之时，孟胜很可能清楚地意识到自己和墨家被好友所利用的事实。此时，孟胜其实有另一个选择，那就是如其弟子所劝说的，放弃守城的责任，带领墨家众人安全离开。但对孟胜和墨家众人来说，不管是否被利用，承诺就是承诺，既然许下诺言，就必然坚守到底。这种坚守承诺的作为，既是对墨家规则的遵循，也是一种侠义精神的展现。我们都知道,侠义精神在从古至今的中国世俗社会中,都有着非常令人崇敬的地位。这种精神无关逻辑,也无关利益盈亏,它显示的是人与人之间纯粹的信任与托付,以及舍己为人的高尚情操。在中国历史上较早展现出这种侠义精神的,就是战国时期扎根于世俗民间的墨家团体。墨家团体在秦汉大一统的时代消失了,作为思想学派的墨家也没能延续下来。但是历代墨家弟子所创造的学说和技术,记入典籍保存了下来;墨家令人惊叹的侠义精神更是永远流淌在代代中国人的血脉之中。因此我们也可以说,墨家从未断绝,他们的精神核心已经植根在中华文化的脉络之中了。

第七章

史官的眼睛——司马迁之"命"

一方面,司马迁是由人的视角去书写历史的。他自身所遭遇的一切痛苦折磨,和他笔下无数历史人物的命运和遭遇,都促成了他对个体生命命运的思考。另一方面,司马迁并非作为一个哲学家,而是作为一个历史学家来对待历史人物的。出于历史学者的习惯性思路,司马迁必定是要在史料中去着重考察历史人物成功或失败的具体缘由。而司马迁也不能脱离当时社会的主流观念。作为汉代的历史学者,司马迁心中浓厚的天人感应思想和祖先崇拜观念,也使得他在《史记》之中将一些历史人物的丰功伟绩以及国家的繁荣归结于祖宗的庇护。例如,在《越王句践世家》中有着这样一段话:"禹之功大矣,渐九川,定九州,至于今诸夏艾安。及苗裔句践,苦身焦思,终灭强吴,北观兵中国,以尊周室,号称霸王。句践可不谓贤哉!盖有禹之遗烈焉。"[1]在司马迁眼中,越王勾践是大禹的后裔,他能够灭掉吴国并成为一代霸主,是由于他能够卧薪尝胆、厚积薄发,但

[1]（西汉）司马迁:《史记》,中华书局,2010年。本章所引《史记》原文皆本此书。

也是因为其祖先大禹治理水患、平定天下之功劳的荫庇。而祖先大禹的功德不仅仅庇佑了勾践,还庇佑了勾践的后代东越王。在《东越列传》中便有这样的文句:"越虽蛮夷,其先岂尝有大功德于民哉,何其久也!历数代常为君王,句践一称伯。然馀善至大逆,灭国迁众,其先苗裔繇王居股等犹尚封为万户侯,由此知越世世为公侯矣。盖禹之馀烈也。"也就是说,由于祖先大禹有功于天下,因此禹的后裔得以世世代代都过着公侯贵族的生活,勾践的经历证明了这一点,东越王余善即使有罪于汉王朝却仍旧被封王的经历也同样证明了这一点。此类论述可以说在《史记》里非常多见。而对于一些乱世枭雄类的历史人物,在无法找到其祖先资料的情况下,司马迁也会略加猜想,认为这些人物之所以能够功成名就,除了他们本人天赋过人、奋发图强之外,应该也是因为他们有着不为人知的著名祖先。例如《项羽本纪》在对项羽进行夸赞的时候便有这样的话语:"吾闻之周生曰:'舜目盖重瞳子',又闻项羽亦重瞳子。羽岂其苗裔邪?何兴之暴也!""重瞳子"是指每只眼睛里面都有两个瞳孔的人。现代的我们知道这是一种胚胎发育中形成的畸形,不影响正常的眼睛功能,也没有任何奇异之处。而对于古人来说,这是一种异象,拥有异象的人也往往拥有异能。而在这一段中,司马迁听说项羽是一个"重瞳子",而史料中有记载说上古圣王舜也是"重瞳子"。于是他便猜想,或许项羽是舜不为人知的后裔,因此才拥有如此惊人的才华和气魄吧?后来,"重瞳"这种异象受到了重视,几乎成为帝王的象征。《黥布列传》论赞亦云:"英布者,其先岂春秋所见楚灭英、六,皋陶之后哉?身被刑法,何其拔兴之暴也!"

尽管在现代看来,司马迁的这类想法显得有些奇异,但在司马迁所处的时代,这样的想法和思路是比较主流的观念,且这些观念也有着比较显著的来源。一方面,在一定的社会体系之中,祖先创立的功绩和家业,确实是其后人发展的坚实基础;而家业之下的教养环境,则会对后人的发展和成功产生更为深远的影响。祖先所创立的功业越庞大,其后人受其庇佑也就越大越久,这即使在现代都是一个无法否认的事实。另一方面,汉代的学术思想受春秋学影响极大,而根据春秋公羊学派所持的三统论观点,每一个新的朝代都要保留前两个朝代王室的后裔,对他们分封土地、建立邦国,并在这些分封的邦国中延续前几个朝代的旧制,使其与新的制度并存。这种制度在当时的社会现实中显然不可能得到真正实行,但根据《史记》的记载,商朝和周朝确实为其前个朝代王室的后裔分封了土地。因此这种不可能真实实行的制度,作为一种古代的思想而受到了当时人们的推崇。与此同时,受这种观念的影响,汉初所实行的官制为任子制,在这样的制度之下高官贵族的子弟可以直接入朝为官。在当时以宗族制度为依归的社会制度之中,像这样建立起能够传给后世子孙的功业,可以说是最令人心驰神往的事情了。司马迁浸润在这样的社会主流思想之中,自然也会受到这样的熏陶。并且,古人认为不但祖宗所创立的功业可以荫庇后人并留传下去,祖先身上的某些优秀的天赋或才能也可以留传给后人。这事实上是某种集体无意识形式的祖先崇拜心理，而司马迁的心中也有着这种无意识的祖先崇拜。这一点从《太史公自序》中，司马迁讲述自己家族历史的话语中能够明显地察觉到。在《自序》中，司马迁将自己家族的历史上溯到了神话中的颛顼身上，因自己拥有一个历史悠久的史官家庭出身而感到非常自豪，并且将完成《史记》、为父亲完成梦想认定为一生不变的责任。

当然，司马迁以及当时人们重视祖先的观点有着不可否认的合理之处。应该说，人生下来命运便不相同，这样的情况是客观存在的，在任何时代都不例外。而在古代，这样的情况比现代要严重得多。前人与后代之间功业的传承自然是清晰可见的，而内在素质的传承也可以在受教育机会的多少上得到某种解释。尽管在春秋战国时期，在孔子等人的努力之下，教育已经有过一次由上而下的推行，但直至汉代，应该说绝大多数教育资源仍旧是被贵族阶层所垄断的。在这样的情况下，普通民众的子弟根本无法得到受教育的机会。即使受到了教育，当时也并未发明科举考试选官的制度，为官的路径也像我们前文提到的那样，基本以世袭的方式被上层阶级所控制。如此一来，普通民众完全得不到改变命运的机会，即使有才华也得不到发掘，只能像先辈一样靠农工为生；而贵族官员的子弟生来便能够得到较好的教育，并自然而然地继承前辈的官职。司马迁的思想和当时人们的主流思想，不过是如实反映了这样的社会状况。

尽管司马迁认同祖先的荫庇对后世子孙命运的影响力,但却并未将它作为一种绝对性的因素。祖先即使有着再惊人的才华、再大的功业,如果后人就此不思进取,祖先的庇佑也早晚会消失。正是活生生的史实向司马迁证明了这一点。根据当时《高祖功臣年表》的记载,汉代初时,由于创立王朝有功而被封侯的功臣达到百余人。但随着时间的推移,这些功臣的子孙绝大多数沉沦于奢华的生活之中,忘记了祖先发愤图强的艰辛,变得骄奢淫逸、不思进取。到汉武帝的时代,仍旧保留着侯爵爵位的仅有五个人,其余的功臣后代大都因违法乱纪而被处死或削去国号。当然,这种状况的发生也有当时法规严酷的原因,但归根结底还是由于他们并未认真对待国家法律,认为自己能够凌驾于法律之上,从而断送了祖先留传的功业,最终落到如此悲惨的下场。而与此相反,也有不少仁人志士以其出众的才华和奋斗精神,冲破社会制度的藩篱,改变了自己的命运。司马迁以相当大的激情描绘了这些历史人物冲破现状、不断与自身命运相抗争的历程,展现了汉武帝时期那种积极向上的时代风气。例如秦朝的重臣李斯,其言行便反映了那个时代许多知识分子的人生观和奋斗精神:认为大丈夫如果地位卑贱、前途暗淡,应该尽一切努力去改变自身的命运,不应像很多失望者一样远离风波、淡泊名利。在这样积极而明确的人生态度之下,李斯便敏感地抓住了秦王嬴政吞并六国的机会,向秦王阐述了自身的治国理念和能力,并从此受到重用,最终成为呼风唤雨的一代名臣。尽管李斯的性格和经历之中也有着其阴暗的一面且结局悲惨,但司马迁对他自我奋斗的历程仍旧表达了肯定和赞许之意。《史记》中记载的不少历史人物,经过司马迁文笔的表达之后,都直白而勇敢地表达了对以血统、家世来评判人们的价值观念的否定。例如在秦末汉初那个风云际会的时代,许多豪杰在群雄逐鹿的过程中改变了自己原本的卑贱地位,一跃而成为王侯将相,改写了自身和他们后世子孙的命运。其中,秦朝末期农民起义领袖陈涉便喊出了著名的"王侯将相宁有种乎",项羽在面对秦王车马仪仗之时也表达了"彼可取而代之"的感想。

司马迁充满热情地描写了历史上不少伟丈夫的人生历程。这些人面对命运的残酷打击,从不退缩,以隐忍和努力成就了一番事业,最终名留青史,实现了自我的人生价值。例如伍子胥,当父亲兄长遭谗言所害而被楚平王处死之时,伍子胥独自隐姓埋名,历尽艰险逃离故土,因此而一夜白头。在此后的十几年之中,伍子胥隐忍着家破人亡的痛苦,不断精心筹划自己的复仇,最终借助新君吴主的军事力量击败了楚国。即使当时楚平王已死,但伍子胥仍旧将他的尸体从墓中挖出,鞭尸以报自己的家国大恨。即使这是一个复仇的故事,但司马迁仍旧十分欣赏伍子胥忍辱图强、高抬着头颅面对不公命运的人生态度。他在《伍子胥列传》中说出了赞扬的话语:"向令伍子胥从奢俱死,何异蝼蚁。弃小义,雪大耻,名垂于后世,悲夫!方子胥窘于江上,道乞食,志岂尝须臾忘郢邪?故隐忍就功名,非烈丈夫孰能至此哉?"是的,如果伍子胥身负仇恨而就此消沉,贪生怕死地混过自己的一生,那么他的生命价值与蝼蚁有什么差别呢？正是因为直面残酷的命运，用自身的意志和奋斗冲破命运的束缚，才让他得以名留青史。当然，司马迁如此喜爱历史上这些伟丈夫的事迹和他们顽强坚毅的精神，是由于他自身的遭遇。我们知道，在司马迁刚刚开始满怀热情地写作《史记》之时，却意外卷入了一场政治风波，因为替被迫投降敌方的李陵将军说情而获罪，最后受了宫刑。这对于司马迁来说是极大的屈辱和折磨。他想过自杀，但作为史官的责任感和完成《史记》的理想，让他最终并未如此行事。痛苦折磨让司马迁在心境上更加通达和凝练，也让他更能体会许多历史人物的心灵状态。这一切都促成了《史记》中许多辉煌篇章的诞生，而《史记》中大量勇敢人物的故事和精神也反过来鼓舞了司马迁，使他敢于直面命运突如其来的沉重打击。最终，司马迁顽强地生存了下来，并忍辱负重完成了《史记》，为后世留下了一部不朽的历史著作，也深深影响了此后的历代史官和大量的文学作品。

因此，在对诸多历史人物命运的观察和表述上，司马迁与其同时代的作者相比，更加强调人类自身的主观能动性，赞赏人们反抗命运的努力。因此，尽管司马迁也不可避免地受到传统观念的影响，但他对传统天命观的怀疑和否定态度甚于那个时代的绝大多数人。例如，当项羽认为自己失败的原因是"天亡我，非用兵之罪也"的时候，司马迁便对此发出了批评的声音，并点明综合史料来看，项羽最终失败的原因在于他刚愎武断的性格缺陷，以及对武力的迷信。平心而论，从司马迁所写的《项羽本纪》中可以看出，他对项羽这个人物是相当喜爱的。因此在文章的末尾，他也对项羽死前没能体悟到自己失败的真正原因而感到非常痛心。而在司马迁的记述中可以发现，司马迁认为刘邦能够在楚汉双方的争斗之中笑到最后，主要是由于他善于识人和用人，刘邦事实上根本不是什么"真龙天子"。确实，在《高祖本纪》之中，司马迁记载了关于刘邦的很多灵异事件，例如他出生时的祥瑞预兆："刘媪尝息大泽之陂，梦与神遇。是时雷电晦冥，太公往视，则见蛟龙于其上。已而有身，遂产高祖。"以及他特殊而怪异的外貌"隆准而龙颜"等，而后代史料和大量的历史演义小说在描写贤君降生时刻的时候，也非常踊跃地模仿司马迁的这种写作套路。但实际上，且不论历史演义小说的问题，我们很难认为司马迁以及后世的历史学家们真的认为这些灵异事件都是事实的。例如关于刘邦酒醉后斩白蛇的事件，明代学者杨循吉便直白地表明："斩蛇事，沛公自托，以神灵其身，而骇天下愚夫妇耳。"[1]也就是说，现在已经成为著名京剧选段的高祖斩白蛇事件，跟陈涉吴广起义时从鱼腹中剖出"陈胜王"帛书的事件是完全相同的，只是为了给自身的权力或行为蒙上一层神授的面纱，用来获得不明真相的群众的拥护的把戏。司马迁以及诸多历史学者在正史中记载此类灵异事件，事实上也就是记载了统治者神化自身权力的手段。而不理解这种特殊笔法含义的读者，便很容易认为司马迁相信这种天命神意，也相信帝王权力的绝对性和天赋性。事实上，

---

1 / 韩兆琦:《史记通论》，广西师范大学出版社，1996年，第363页。

司马迁在《史记》中用大量的实例证明，人通过自身的发奋努力，再加上对时势、环境等外部条件的了解和利用，才能够主宰自己的命运，实现自己的人生价值。

当然，总有一些人即使倾尽全力，也没有得到命运的青眼。例如在《李将军列传》之中，李广这位传奇的"飞将军"便表达了对自身命运的疑惑和痛苦："自汉击匈奴而广未尝不在其中，而诸部校尉以下，才能不及中人，然以击胡军功取侯者数十人，而广不为后人，然无尺寸之功以得封邑者，何也？岂吾相不当侯邪？且固命也？"在打击匈奴保卫边疆的战斗中，李广这位能力出众、经验丰富的将军一直身处战场，且为军队和国家尽心竭力，但却神使鬼差地没能获得一场胜利。看着有功的众人被封侯加爵，李广即使并不看重功名利禄，心中却也充满了疑惑和痛苦：这就是我的命运吗？我命中注定就是无法封侯吗？在《伯夷列传》中，司马迁也书写了混乱时世之中命运的不公：有些人德行高尚而最终饿死，有些人安贫乐道而最终夭亡；而暴戾的君王竟然长寿而终，操行低下、无恶不作的人得以终生逸乐。可以说，《史记》就是一个诸多历史人物命运的大型展示会。道家曾有"天道无言，常与善人"的说法，而司马迁在看遍历史命运的不公之后问道："天之报施善人，其何如哉？……倘所谓天道，是邪非邪？"司马迁并不相信"天"这种人格神的存在，也不认为神灵能够通过裁判人的德行操守来给予祸福命运。《史记》中不少命运悲凉的历史人物，常常在痛苦之际将自身的遭遇归结于上天。例如前面说到的"飞将军"李广,便在临死之时说道:"广结发与匈奴大小七十余战,今幸从大将军出接单于兵,而大将军又徙广部行回远,而又迷失道,岂非天哉!"这里的"天"和"命"意义相同,指的都是人所无可奈何的强大客观力量。司马迁对人们质问上天的这种心理做了很好的分析。在《屈原贾生列传》中他说道:"夫天者,人之始也;父母者,人之本也。人穷则反本,故劳苦倦极,未尝不呼天也;疾痛惨怛,未尝不呼父母也。"因此,司马迁并不认为人呼唤上天便是相信"天"这种人格神存在的表现,他认为这种行为是情感性的行为,是人类在痛苦之时对自身的一种无意识的抚慰,就好像孩子难过时找妈妈一样。

　　人的命运被大量偶然因素影响着,且这些偶然因素是无法被预知的,这一点无论是古人还是现代人,都不得不面对。对于这种命运的偶然性,司马迁采取了存而不论的态度。在《外戚世家》的序言中,司马迁说道:"孔子罕称命,盖难言之也。非通幽明之变,恶能识乎性命哉?"命运偶然莫测,变化无端。连孔子这样的圣贤都因此而很少言说命运,普通人就更加无法去把握它了。因此,《史记》中记载了不少占卜者的活动,也记载了许多用梦境来获得启示的事件,这都是对当时社会的真实记载,展现了当时的人们面对命运的无助感。在秦汉交接的时代,社会发生着剧烈的变化,个人命运在其中如同风暴中的树叶,随时代而飘摇,充满难以预料的变数,因此人们更容易陷入宿命论的绝望之中。再加上天人感应学说的逐渐风行,人们以各种现象作为预兆来预测未来的行为愈加泛滥。作为一部全面记载当时社会状况的历史著作,《史记》不仅仅描绘了王侯将相们的人生历程,也在相当程度上反映了当时的社会意识形态和思想观念,其中自然也包括了当时的人们对命运的理解和认知。在这个方面,司马迁确实是尽职尽责地完成了一个史官"厥协六经异传,整齐百家杂语"的责任。

　　由上面的一系列分析可以知道,司马迁不管是对于自身的命运,还是对于历史人物的命运,一方面都赞赏了直面它的勇气以及和它对抗到底的昂扬激情,另一方面也对命运的偶然莫测采取了不置一言、顺其自然的平和态度。由此可见,司马迁的命运观同时受到了儒家精神和道家思想的双重影响。我们知道,对于命这种偶然性的外在绝对力量,儒家强调在"知天命"的基础上积极选择自己的人生之路,甚至为了自己所认定的理想信念"知其不可为而为之";而道家则认为应该在认识到"死生存亡……是事之变,命之行也。日夜相代乎前,而知不能规乎其始也"的前提下,选择"安之若命",以精神自由来使得人生得以超脱。而司马迁兼取儒道两方的思想素材,一方面充满了面对命运的勇气和尊严感,积极为实现人生价值而努力;另一方面又能够以平和的心态去面对命运中偶然的祸福悲喜,即使身处混乱的社会现实之中,仍能找到安身立命的办法。这种面对命运的态度,即使在现在的社会环境之中,也仍然有着很高的积极意义,值得我们借鉴。

　　当然,在面对自己的命运之时,司马迁作为一介文人,仍旧倾向于道家思想的一侧。他在自己的《悲士不遇赋》之中,先是感叹自己的痛苦命运并抒发了对黑暗现实的激愤，而后说道："没世无闻，古人惟耻。朝闻夕死，孰云其否。逆顺还周，乍没乍起。无造福先，无触祸始。委之自然，终归一矣。"[1] 此段话便显著地体现了司马迁深受道家黄老思想影响的现实。这一点与汉初思想主流的倾向性有关，也与司马迁的家学渊源有关。我们知道，汉朝初期社会由于经历了长期的战乱，经济凋敝、民生破败，急需休养生息的政策保护。因此，汉初的几代统治者非常明智地选择了以黄老道家的无为思想作为指导，给予了社会经济较长的喘息时间，使得国家的整体状况得以较为迅速地恢复起来。而司马迁所生活的汉武帝时代，社会经济已经恢复得较好，黄老道家思想渐渐不再适应国家逐渐繁盛的现实。但思想主流的转变是需要时间的，国家的不少上层统治者仍然没有注意到现实的变化，因此黄老道家思想的主流地位由于这种思维惯性而依旧保持了很久。在这样的社会意识形态之中，司马迁的家族作为历代承袭的史官家族，一直保持着与上层主流思想的紧密联系，从而深受黄老道家思想的影响。司马迁的父亲便是一个道家思想的忠实信奉者，因此可想而知，司马迁自幼便是浸润着黄老道家思想而长大的。当思想主流逐渐转变，汉武帝开始采用董仲舒的建议而独尊儒术之时，司马迁作为一个出色的历史学者敏锐地把握到了时代的风向，并且出于个人的性格和理想，对儒学积极进取的人生精神充满了认同感。即使是在受刑之后对汉武帝抱有怨愤，但司马

---

1 /（唐）欧阳询：《艺文类聚》，上海古籍出版社，1982年，第1645页。

迁出于史官实事求是的客观态度，仍旧将独尊儒术的政策作为一个正确的决策记载了下来。但自幼而来的教育和思想浸润是不会因此而消失的，由此，司马迁在《史记》中更多地体现出对儒学人生态度的赞赏，又在面对自身命运时回到道家思想的怀抱，也就是自然而然、可以理解的了。

总而言之，在命运观上，司马迁一方面有着宗法社会中祖先庇佑的思想，注意到了祖先功业对后代的巨大影响；另一方面又出于性格和经历的因素，而赞赏直面命运的勇气，强调自身努力对抗命运的重要性。而对于命运之中无法解释的偶然性因素，司马迁综合了儒学和道家思想的因素，形成了自己面对命运的态度，这种态度对于我们来说是最有借鉴意义的。[1] 可以说，司马迁是历史上首位以传记文学的形式对命运这一议题做出较为深刻解释的学者，并且不管在形式上还是内容上，都形成了自身独有的特色。这些特色深刻地影响了后世史学和文学的发展。司马迁所记载的丰富历史材料以及他对命运的态度，都将启发我们将命运这一问题继续思考下去。

---

1 / 李彤:《论司马迁的命运观》,《广西社会科学》, 2004年第3期，第128页。

第八章
"自然之道,适偶之数"——王充之"命"

王充是东汉时代的著名思想家。他的"命"论受到一系列前人"命"论的影响,也有着两汉时期特殊学术氛围的影子,除此之外还体现了相当的个人特点。除了我们前面提到过的儒家思想和墨家思想之外,王充也受到了其他一些思想的影响。例如他曾在自己的重要著作《论衡》命禄篇中引用《淮南子》的内容:"《淮南书》曰:'仁鄙在时不在行,利害在命不在智。'贾生曰:'天不可与期,道不可与谋。迟速有命,焉识其时?'高祖击黥布,为流矢所中,疾甚。吕后迎良医,医曰:'可治。'高祖骂之曰:'吾以布衣提三尺剑取天下,此非天命乎!命乃在天,虽扁鹊何益!'韩信与帝论兵,谓高祖曰:'陛下所谓天授,非智力所得。'扬子云曰:'遇不遇,命也。'太史公曰:'富贵不违贫贱,贫贱不违富贵。'是谓从富贵为贫贱,从贫贱为富贵也。"[1]这种论调便是典型的黄老道家思想。与我们上文论述过的庄子和列子思想有所不同,黄老道家思想更为强调"无为"和顺应时势。

1 /(东汉)王充:《论衡》,岳麓书社,2015年。本章所引《论衡》原文皆本此书。

而这也是西汉前期社会的主流思想,王充显然也受到了这类思想某种程度的影响。

一、"气"与"命"的联合

"气"是中国哲学中比较重要的一个概念,它是为了比较完善地构建宇宙生成过程而出现的。"道"是世间所有存在物的源头,不凭借外物而独立存在着。由"道"而来的存在物构成了我们所熟悉的以天地为界限的宇宙。但一个单独的宇宙本源,不能完善地解释本源生成各种存在物的具体过程,在本源和存在物中间存在着很大的空缺。而"道"与这个具体存在物构成的宇宙之间的桥梁,就被称为"气"。"气"的存在将宇宙本源"道"和宇宙本身联系起来,并补足着万物生成过程中的所有空缺部分。

在王充的哲学系统中,"气"是宇宙与世界的源头,万事万物的存在和消亡本质上来说都是"元气"的作用,而万物之差异的根源也在于各自禀气的相异,即"因气而生,种类相产"。对此,王充论述道:"俱禀元气,或独为人,或为禽兽;并为人,或贵或贱,或贫或富;富或累金,贫或乞食;贵至封侯,贱至奴仆。非天禀施有左右也,人物受性有厚薄也。"(幸偶)也就是说,同样承受着"气"而降生于世,有的会生为人,有的会生为动物;有的人生来就富贵,有的人生来就贫贱,其根本原因就在于先天禀气的厚薄不同。且王充对"命"有着比较特殊的定义,即:"命,谓初所禀得而生也。"人或事物,在其降生之前所禀受的"自然之气",决定着其一生的寿夭、贫富、贵贱、悲喜。这一切在个体获得自身生命之时便已经形成,个体生命命运的全部,都取决于一开始禀气的厚薄多寡。

这种生来禀气厚薄的影响,对人来说最为重要的是两点:一个是"寿命",即人生存时间的长短;另一个是"禄命",即人一生中贫富贵贱的生存状况。对于一个人的"寿命",王充认为是由他在母体之中成长时所受的元气强弱来决定的。如果一个人先天所禀的元气"强厚",那么其寿命必然会长;如果先天所禀的元气"薄弱",则寿命必然会短。王充对于这一点非常确定,并在不同的篇章中都对此进行了论述:"凡人受命,在父母施气之时,已得吉凶矣。"(命义)"人之禀气,或充实而坚强,或虚劣而软弱。充实坚强其年寿,虚劣软弱失弃其身。"(气寿)对于人一生的"禄命",王充则将其与天象学联系起来,认为是由人所禀的"众星之气"来决定的:"禀得坚强之性,则气渥厚而体坚强,坚强则寿命长,寿命长则不夭死。禀性软弱者,气少泊而性赢窳,赢窳则寿命短,短则蚤死。故言'有命',命则性也。至于富贵所禀,犹性所禀之气,得众星之精。众星在天,天有其象。得富贵象则富贵,得贫贱象则贫贱,故曰'在天'。在天如何?'天有百官,有众星。天施气而众星布精,天所施气,众星之气在其中矣。人禀气而生,含气而长,得贵则贵,得贱则贱;贵或秩有高下,富或资有多少,皆星位尊卑小大之所授也。故天有百官,天有众星,地有万民,五帝、三王之精。天有王梁、造父，人亦有之，禀受其气，故巧于御。"（命义）也就是说，"气"来自天，而众星是上天的使者，负责将"气"分配到生物身上。在这一过程中，"气"便会带上众星自身的特性。因此当人禀受众星所分配的"气"时，其特性也会与天象之中的众星相对。众星在天象中有它们固定的位次，有的星宿居于主位，有的星宿居于次位，有的星宿在周边环绕。而落实到"气"上，有的人生来所禀的便是主星之"气"，于是便生来有着王侯将相之"命"；有的人所禀的是小星之"气"，自然生来便地位卑下、生活贫穷。由此看来，王充禀气成命的理论有着明显的自然命定论气息，甚至带有某种神秘主义的色彩。

另一方面，王充还认为"禀气"也决定着人所表现出来的道德高下差异，且这种道德的高低也是天生的。他在《论衡》自然篇中说："问曰：人生于天地；天地无为，人禀天性者，亦当无为，而有为，何也？曰：至德纯渥之人，禀天气多，故能则天，自然无为。禀气薄少，不遵道德，不似天地，故曰不肖。不肖者，不似也，不似天地，不类圣贤，故有为也。天地为炉，造化为工，禀气不一，安能皆贤？贤之纯者，黄、老是也。黄者，黄帝也；老者，老子也。黄、老之操，身中恬淡，其治无为。正身共己而阴阳自和，无心于为而物自化，无意于生而物自成。"也就是说，德性来源于天地，"气"也来源于天地，因此"气"之中自然携带着德性的成分。禀气强而厚的人，自然生来获得的德性也比较多，长大之后的道德表现会比较好；而禀气弱而薄的人，生来获得的德性比较少，自然道德表现也会不太好。而禀气最强的一类人，便会成为圣贤之人，例如黄帝、老子。在这一段落中，王充所说的"道德"并非我们所熟悉的"老吾老以及人之老，幼吾幼以及人之幼"的儒学道德，而是道家所提倡的道德，即"自然无为"。天生德性高的人，其外在表现是"无心于为而物自化，无意于生而物自成"，而德性低的人的表现则是"有为"。在这里我们可以又一次察觉黄老道家思想对王充的影响之大，也可以察觉到，即使在汉武帝独尊儒术的政策实行多年之后，黄老道家思想仍在东汉社会思想中占有相当重要的地位。

二、"命"与偶然

在"命"的影响之中，最令人痛苦和难以面对的就是其偶然性。而每一个涉及"命"论的思想家，也都必须直面这个问题，并对它给予尽可能合理的解释。王充也不例外。他认为："凡人遇偶及遭累害，皆由命也。有死生寿夭之命，亦有贵贱贫富之命。自王公逮庶人，圣贤及下愚，凡有首目之类，含血之属，莫不有命。命当贫贱，虽富贵之，犹涉祸患矣；命当富贵，虽贫贱之，犹逢福善矣。"（命禄）"贤不贤，才也；遇不遇，时也。才高行洁，不可保以必尊贵；能薄操浊，不可保以必卑贱。或高才洁行，不遇，退在下流；薄能浊操，遇，在众上。世各自有以取士，士亦各自得以进。进在遇，退在不遇。处尊居显，未必贤，遇也；位卑在下，未必愚，不遇也。故遇，或抱洿行，尊于桀之朝；不遇，或持洁节，卑于尧之廷。"（逢遇）也就是说，人都是有命的，人一生的贵贱祸福都是"命"所控制的。而"命"的关键则在于偶然因素，与这个人本身是否贤能、是否有才华没有必然关系。一个没有什么才能的人，可能会因为运气好而身居高位；一个才华出众的人，也可能因为运气差而一生不得实现抱负。这种论调对偶然性的强调，与我们在前面论述的王充认为人生的一切都由禀气而注定的观点，似乎有所矛盾。此处的"遇不遇"，是承认了命运偶然性对人生的强大摆布力；而"气禀"的理论则认为人自降生之日起，其寿夭、贵贱、祸福甚至德行就都已经注定，是在强调"命"的必然性。那么王充是如何解决这个矛盾的呢？他认为"命"之中既有偶然性，也有必然性；但最终，偶然性的背后有着必然性的作用，偶然性是处在必然性的支配之下的。

在王充看来，"命"既是"自然之道"，同时又是"适偶之数"，但终究还是"自然之道"。我们在前文中也提到，汉儒在《白虎通义》之中，将人的命运分为三个种类，而人生中的祸福遭际被归纳为"遭命"，认为人生偶然发生的遭遇也都是命的一部分。事实上，王充深受这种"遭命"观念的影响。但其理论与《白虎通义》仍旧有所不同，他说："自然之道，适偶之数，非有他气旁物厌胜感动使之然也。世谓子胥伏剑，屈原自沉，子兰、宰嚭诬谗，吴、楚之君冤杀之也。偶二子命当绝，子兰、宰嚭适为谗，而怀王、夫差适信奸也。君适不明，臣适为谗，二子之命，偶自不长。二偶三合，似若有之，其实自然，非他为也。"（偶会）此段用很多历史事实为例，解释了王充自己对"命"之偶然性和必然性关系的认识。他认为，例如屈原这样的贤能之士受迫害而死的事件，看似由于楚王偶然听信了谗言而罢黜屈原，最终导致屈原痛苦沉江，但实质上，这种死亡是屈原命里注定的。正是屈原命中注定要在此时遭难死去，恰好就有别人来进谗言，而王上恰好就听信了谗言。因此，这一切的恰好，事实上都是命运之必然性的表现，是由屈原与生俱来的"命"所决定的事情。这样一来，王充便把"命"的偶然性作为必然性的表现来给予解释，用"命"的必然性来统御了"命"的偶然性。

如此一来，"命"之中绝大多数的偶然性就都变成了必然性的一部分，只剩下一种偶然性不包含在必然性之中：那就是人降生之时禀气的瞬间，究竟会"禀"到哪种"气"的问题。很多学者认为王充的"命"论本质上是一种适偶论（用偶然来解释一切的命运观）。事实上，禀气瞬间的偶然性是王充所承认的唯一一种偶然性，而这一瞬间之后，一个人一生的一切就都已经注定了。"天在运行中施放出天气来，星的气也夹在其中，一起落到地上，与地气相结合，产生了人。哪一颗星的气偶然落到哪一家，哪一家正好禀受了这星气，所生的婴儿将来的命运就由这个星气决定。……这样一来，偶然禀气就决定了一生命运，也就是偶然性决定了宿命论，决定了必然性。这种必然性又通过一系列表面上的偶然现象来实现。当一个人命该倒霉的时候，国君正好要听

第八章
"自然之道，适偶之数"——王充之"命"

信谗言；当一个人命该走运的时候，正好有贤人出来推荐。表面上看都是偶然巧合，而实质上都是命定的。从这一角度看，又是必然性决定偶然性。"[1] 因此，王充的"命"论将适偶论和命定论神奇地融合到了一起。如果只看降生禀气的瞬间的话，这种"命"论完全是一种适偶论，因为仅此一次的偶然就注定了此后的全部；而如果只看降生之后的人生的话，这种"命"论又完全是一种命定论，因为出生之后命运就是绝对不可改变的了。

那么，这种同时是偶然和必然的"命"，是否有办法对它进行认知呢？如果有办法进行认知的话，人们就可以在遭遇命运之前，给自己做好心理准备了。而王充认为办法是有的。因为"命"存在于人自己的形体之中，必然会在形体上有所表现。他认为："富家之翁，资累千金。生有富骨，治生积货，至于年老，成为富翁矣。夫王者，天下之翁也，禀命定于身中，犹鸟之别雄雌于卵壳之中也。卵壳孕而雌雄生，日月至而骨节强，强则雄自率将雌。雄非生长之后，或教使为雄，然后乃敢将雌，此气性刚强自为之矣。夫王者，天下之雄也，其命当王。王命定于怀妊，犹富贵骨生，鸟雄卵成也。非唯人、鸟也，万物皆然。草木生于实核，出土为栽蘖，稍生茎叶，成为长短巨细，皆有实核。王者，长巨之最也。朱草之茎如针，紫芝之栽如豆，成为瑞矣。王者禀气而生，亦犹此也。"（初禀）也就是说，命运和性别一样，在胎中就已经注定，出生后必然在身体形态上有所表现。生来富贵

[1] 钟肇鹏：《王充评传》，南京大学出版社，1993年，第361页。

或是生来即为王侯将相的人,由于强大的命运附着于其身体之中,便必然有"富骨"、"贵骨"。因此用观察人体特征,特别是骨骼特征的方式,便可以认知到自己真正的命运。对此,王充论述道:"故知命之工,察骨体之证,睹富贵贫贱,犹人见盘盂之器,知所设用也。善器必用贵人,恶器必施贱者,尊鼎不在陪厕之侧,匏瓠不在殿堂之上,明矣。富贵之骨不遇贫贱之苦;贫贱之相不遭富贵之乐,亦犹此也。器之盛物,有斗石之量,犹人爵有高下之差也。器过其量,物溢弃遗;爵过其差,死亡不存。论命者如比之于器,以察骨体之法,则命在于身形,定矣。"(骨相)就是说,"命"不仅决定着人内在的才华天赋,也决定着人外在的美丑形貌,就好像美好的物品也需要美好的容器来盛装一样。如果拥有富贵的骨骼形貌,那么即使遭遇贫贱的境况,也必定是偶然的;如果本来就拥有贫贱的骨骼形貌,最终便无法享有富贵之乐。由此,通过对骨体的观察,就自然可以知道一个人的"命"究竟如何了。这种几乎类似看相的论调,在我们看来近乎荒谬,但这确实也是王充有关"命"观点的一个组成部分。

在论述过个人的命运之后,王充认为一个国家也有"命"的存在,并且认为"国命胜人命"。他举例论述道:"宋、卫、陈、郑同日并灾,四国之民必有禄盛未当衰之人,然而俱灭,国祸陵之也。故国命胜人命,寿命胜禄命。"(命义)也就是说,即使一个人的"命"再好,如果身处一个"国命"很差的国家之中的话,仍然难以抗拒"国命"的连累。国家的命运比个人的命运重要得多，当国家遭受灾难或陷于战争之中的时候，个人的命运就变得微不足道了。王充认为"国命"和人的命运一样，是由众星所赋予的"气"所决定的："国命系于众星，列宿吉凶，国有祸福；众星推移，人有盛衰。"也就是说，众星在分配来自上天的"气"时，不仅将"气"赋予个人，也将"气"赋予各个国家。而国家禀受某一个星辰所赋予的"气"之后，其国命便与该星辰的"时数"联系在了一起。星辰也有着光耀与暗淡的时刻，也有着消亡的时限。星辰光耀之时国家便强盛，星辰暗淡之时国家便会出问题，而星辰消亡之时，国家自然也要面临灭顶之灾。由此延展开来，王充又论述道："人皆知富饶居安乐者命禄厚，而不知国安治化行者历数吉也。故世治非贤圣之功，衰乱非无道之致。国当衰乱，贤圣不能盛；时当治，恶人不能乱。世之治乱，在时不在政；国之安危，在数不在教。贤不贤之君，明不明之政，无能损益。"（治期）即认为，社会状况的安定或混乱都是由于"国命"的起伏，都是自国家成立之日起便被注定好了的东西，与统治者的才能高下没有任何关系，与实行什么政策、有无恶人作乱等因素也都没有关系。但虽然王充说到了"国之安危，在数不在教"，但却没有对"数"怎样决定"国命"这一问题做出具体的说明。因此，我们只能由此得知，王充认为决定"国命"的因素是不以人的意志为转移的。可以发现，王充对于"国命"的描述与其对于个人命运的论调是完全一致的，也都是适偶论和命定论的两段式结合。

上文中提到,我们认为王充受到了《白虎通义》中三分"命"说法的影响。事实上,王充在自己的著作中也论述到了这三种"命",即:"传曰:'说命有三,一曰正命,二曰随命,三曰遭命。'正命,谓本禀之自得吉也。性然骨善,故不假操行以求福而吉自至,故曰正命。随命者,戮力操行而吉福至,纵情施欲而凶祸到,故曰随命。遭命者,行善得恶,非所冀望,逢遭于外而得凶祸,故曰遭命。"(命义)这大致便是那个时代的人们关于"命"的主流认识,即:所谓的"正命"是不论如何行事都会到来的,本性中便注定的命运;"随命"是一个人由于自身行为好坏以及德行高低所得的报应;而"遭命"则是指一个人完全出于偶然而遭遇的意外祸福。在三种"命"之中,只有"随命"是与一个人行为的好坏以及个人的努力有关的,其他二者都是人无法影响的。在东汉时期,人们一般来说都认为"正命"和"遭命"是由"神"或上天来决定的。而正如我们上文分析的,王充认为"正命"是人偶然的气禀所决定的,"遭命"看似完全偶然,但实则也是"正命"的一种表现形式。而对于"随命",王充则对其存在做出了反驳。他论述道:"世论行善者福至,为恶者祸来。福祸之应,皆天也,人为之,天应之。阳恩,人君赏其行;阴惠,天地报其德。无贵贱贤愚,莫谓不然。"(福虚)"世谓受福佑者,既以为行善所致;又谓被祸害者,为恶所得。以为有沉恶伏过,天地罚之,鬼神报之。天地所罚,小大犹发;鬼神所报,远近犹至。"(祸虚)在这些论述之中,王充基于自己以"气"为核心的理论体系,否认了上帝、鬼神的存在,击溃了"随命"存在的基础,认为人的寿夭祸福贫贱都是由"命"所决定的,而"命"则由此人所禀受的"气"以及所对应的星象决定,且这种"命"可以通过观察骨骼形体来认知。事实上,王充的"命"论之中残留的未解决问题非常多,并且他试图将针对自然界的观点应用于社会环境,用"气"生成万物的理论来解释"命",这种尝试也略显生硬。[1]但王充将中国思想史中的"气"论进行了独特的发展,且较早地做出了以"气"作为思想体系核心的尝试。可以说,这些努力为后世"气"论哲学的发展奠定了基础。

[1] 史少博:《王充论"命"》,青岛大学师范学院学报,2006年第4期,第36页。

第九章

"以义安命"——程颐之"命"

孔子和孟子所开创和发展的儒学传统，为后世无数的知识分子提供了安身立命之所，也为他们的道德实践提供了依据。但思想是需要发展的。特别是在东汉末期佛教传入中国之后，佛学思想以其精密的思辨方式、庞大的理论体系、深刻的终极关怀以及融入中国文化的种种尝试，成功地在中华大地上站稳了脚跟，获得了大量的信众和诸多学者的研究、发展。与此同时，道教思想也在借鉴佛教信仰体系和吸取各种文化元素之后，借助一段时间内国家权力的扶持和帮助，重新发展壮大了起来。而儒学身处各种思潮的冲击之中，如果不主动地进化自身的理论体系，获得与其他思想相抗衡的力量，必然会逐渐被历史所淘汰。

儒学自诞生之日起便更为重视实用和实践方面的问题，而忽略了形上学方面的一些构建。这是早期儒学的特点和长处，也是早期儒学的弱点。关注社会实用和道德实践，使得孔子、孟子、荀子等早期的儒学大家构建起了一个相比同时期多数学派都更为现实的理论体系，并且展现出了对人性和社会环境深刻的洞察与理解。但是，尽管孟子为儒学的道德实践找到了形上学的依据，当时的儒家与其他一些学派相比，却一直没能建立起完善的宇宙论体系。所谓的宇宙论，在春秋战国时期也和人性论一样，是各家学派争论的热门主题之一。它的主要内容便是解释"世界从何而来"、"世界的结构是怎样的"、"人生于何方，又将归于何处"这些哲学的基本问题，而解释这些问题，往往需要建立起一个较为完整的、超越于人类社会之上的世界观体系。这个体系便是宇宙论体系。宇宙论体系的存在，会为这个学派的其他一切思想奠定基础、提供依据。以先秦的道家学派为例，自老子为这个学派开创先河之时，便已经在自己的著作之中构建起了一个相当完善的宇宙论体系：独立于具体世界之外的"道"是整个世界的本源，它"独立而不改"，生发和分化出世界之中的万物；而万物消亡之后也回归于"道"，自然界便是如此循环不已。而老子所提倡的"自然无为"等我们耳熟能详的思想，事实上全部来源于"道"所具有的特性，也就是说，"道"的存在不仅解释了世界为何存在的问题，也为老子的一系列思想提供了至上的根据。这个以"道"为核心的宇宙论体系在日后被道家学者们进一步丰富和发展，即使在后来道家学派业已消失的时候，仍然被佛教和道教思想所吸收，并深刻地影响了中华民族的文化观念。而儒学在着力构建自己的道德伦理体系的时候，却忽略了宇宙论方面的建设；孟子在为儒家道德实践寻找依据的时候，也仅仅是将这个依据归结到人性本身，而没有更为超越的依据出现。这个问题在先秦时期和两汉时期仍不明显，但在魏晋时期以及之后，便越来越制约着儒学的发展。人性便是如此，当一个思想家希望说服民众和其他学者接受自己的理论时，对方一定会反问：你如何证明自己的理论是对的呢？一种思想如果能够更好地为自己的理论找到有说服力的依据，就必然会得到更多人的支持。而魏晋时期，佛教思想迅速吸收中国文化的各种因素，尽管在现在看来当时人们对佛教的理解更多的是误解，但这并不妨碍它得到了民众甚至王室的认同，并出现了长足的发展；道教尽管经历了挫折，但诸多学者对先秦道家典籍的进一步解读、诠释，都为道教思想的发展打下了相当稳固的根基。并且，经过一代学者们的努力，中国哲学从宇宙论的层面延伸到了本体论的层面，这是一种更为逻辑化也更加依赖精密思辨能力的形上学理论形式，能够为理论体系提供更好的地基。而在这个时期，儒学的发展仍旧处于抑制的状态，仍旧连宇宙论体系都没能创建起来。此后的唐代，是一个宗教思想极为活跃的时期，佛教思想和道教体系都迅速发展起来。此时尽管也有一些学者在为儒学而努力，但这种努力与其他思想的遍地开花相比，显得十分乏力。

正是因此，宋代的儒学思想实际上面临着很大的危机。而此时的一大批儒学学者，便当仁不让地担负起了建立儒学本体论体系、更新儒学结构的使命。他们最终成功地开创出了新的儒学思想，使得儒学不但没有被佛道思想所击垮，反而绽放出了新的花朵。程颐便是这一批儒学学者中的早期代表。他处在新儒学体系

第九章
"以义安命"——程颐之"命"

开创的初期,先秦流传下来的旧理论体系尽管出色,但在思辨的精密程度和思维水平上与佛、道思想相比,已经显得乏力。理论和现实的双重需要,使得程颐对一系列思想史上的重要问题做出了自己的思考和回应。而他的回应,事实上正是新儒学向前迈出的第一步。

一、"义"的核心

"义"这个观念是儒学的核心之一。它在历史演进之中几经转变,由孔子、孟子传至程颐。对于义命观的探讨,自上古时期便已经开始,并且呈现出理论雏形。我们上文中对孔子的"命"观念已经有过分析,而在"义"的方面,孔子将"义"和"利"分别开来,使得"义"的内涵发生了转变,从远古时期宗教意义上向上天祈福的手段,变成了君子在行为上的内在标准。我们也已经分析过孟子的"命"论,而在孟子的思想体系中,"义"是一个重要的概念。孟子说:"孔子进以礼,退以义,得之不得曰有命。"[1] 这句话首次在某种程度上阐释了"义"和"命"的关系,只不过更多是在道德实践和具体行事方面来阐释的。在宋代,程颐对"义"做出了非常详细的研究和论述,大大地丰富了"义"的含义,也使得它成为与"命"观念联系紧密的概念之一。因此,要论述程颐的"命"观念,首先要考察程颐对"义"的论述。

[1] 杨伯峻:《孟子译注》,中华书局,1960年,第227页。

程颐对"义"的论述是从研读和解释《孟子》开始的。我们上文分析过,孟子以性善论作为自身理论的基础,并认为"义"源于人本来所有的善性,是人本性之中原本就存在的道德情感。而程颐是赞同这一点的,他说:"义还因事而见否?曰:非也,性中自有。"[1] 但他对"义"的阐释不仅仅停留于此,还有着以下几点重要的发展。

首先是将"义"解释为"宜"。所谓的"义",便是"宜"。而对于"宜"这个字,《说文解字》中解释为"所安也",也就是指做事的分寸适宜、合适之意。将"义"解释为"宜"并不是程颐的首创,例如陈淳在《北溪字义》中解释"义"的时候就说道:"义就心上论,则是心裁制决断处,宜字乃裁断后字。裁断当理,然后得宜。"[2] 这里便是用"宜"的意思来解释"义"的内涵。而程颐的思路与陈淳基本相同,他曾说"义训宜,礼训别,智训知"[3],"在物为理,处物为义"[4]。而所谓的"处物",就是指对待外在事物的情况。也就是说,行"义"并不仅仅指抛头颅洒热血的义举,合理、适宜地去处理日常生活中的一系列琐碎杂事,如此谨慎认真地过好每一天,这本身就是在行"义"了。

其次是将"义"与"理"结合起来。程颐着力构建的是一个以"理"作为本体的哲学体系,这一点为后来的朱熹理学奠定了扎实的基

---

1 /(北宋)程颢、程颐:《二程集》,中华书局,1981年,第185页。

2 /(南宋)陈淳:《北溪字义》,中华书局,2009年,第19页。

3 /(北宋)程颢、程颐:《二程集》,第314页。

4 /(北宋)程颢、程颐:《二程集》,第1175页。

础。但程颐与其他学者有所不同的是,他把"义"这个概念也提升到了与"理"并行的高度,使得"义"具有了某种本体的意义。他在著作中说道:"在天为命,在义为理,在人为性,主于身为心,其实一也。"[1] "或问:'理义何以异?'子曰:'在物为理,处物为义。'"[2] 也就是说,作为一切事物存在与发展依据的最高本体"理",随着显现之处的不同而表现为"命"、"理"、"性"、"心"等一系列概念,但其实质都是同一的。当其表现在事物上时,便是"理";而当它表现在人们处理事物的方式上时,便是"义",即合宜。而程颐认为:"理义,体用也。"[3] "义"是"理"的应用,而如果应用恰当,也便是"理"的表现了。而后来朱熹在自己的体系中对此进行了发展,更明确地提出:"义者,天理之所宜。"[4] 这是对程颐"理"、"义"思想的推进。

再次便是以"义"来对"心"进行制约。人要想在对待身边所有事物的时候都能够举止合宜,其关键不在于外,而在于人自己的内心。但是把"义"解释为"宜",容易让人怀疑"义"是一种外在于人自身的处世规则。对此,程颐解释道:"不动心有二:有造道而不动者,有以义制心而不动者。此义也,此不义也,义吾所当取,不义吾所当舍,此以义制心者也。义在我,由而行之,从容自中,非有所制也,此不动之异。"[5] 程颐认为,从行事的外在后果

1 /(北宋)程颢、程颐:《二程集》,第204页。

2 /(北宋)程颢、程颐:《二程集》,第1175页。

3 /(北宋)程颢、程颐:《二程集》,第133页。

4 /(南宋)朱熹:《四书章句集注》,第73页。

5 /(北宋)程颢、程颐:《二程集》,第273页。

来看，显然可以用"义"或"不义"来评判；但事实上，决定一种行事方式效果的根源在于人之"心"所做出的决断。"万事求诸己"，这一点也是儒学思想自先秦而来的一以贯之的思想核心。这种思想也被程颐思想的继承者朱熹所接受，并提出了更为清楚的说法："义者，心之制。"[1]这是对程颐"以义制心"思想的发挥。可以说，程颐对"义"做出的一系列阐释，既继承了孟子的学说，又有着创造和发挥的补充。并且，他对于"义"的阐释为后世理学的发展构建了理论上的简明框架。

二、"命"的力量

"命"作为一个与人类的具体生活关系密切的理论命题，是古今中外各种哲学流派都致力回答和解决的问题。儒学对此也非常重视，根据我们上文所说，自孔子以来，诸多儒学学者都对"命"给予了关注，并提出了自己的理论。而程颐的"命"论，除保持了儒学自古以来所强调的"命"由天所赋之外，其创新之处在于将"气"这个概念引入"命"的理论，由此出发对儒学的"命"论进行了新的诠释。

首先来看"命"在程颐的思想体系中是如何产生的。程颐曾说："天所授谓之命。"这句话大致地诠释了"命"产生的作用机制。在儒学思想体系之中，"天"是一个相当重要而复杂的概念。冯友兰先

---

1 /（南宋）朱熹：《四书章句集注》，第201页。

生曾将儒学的"天"区分为五种含义,但说到底,"天"存在的根本意义就在于为儒学理论体系之合理性和正当性确立一个形上的终极保证。但正如我们前文所提到的,从孔子创立这一思想流派开始,儒学的主流一定程度上缺失了对形上保证的构建,一直对"天"保持着"存而不论"的态度,实质上只是保留了一个"天"的符号性存在。就如唐君毅先生所说的,"中国哲学之言命,则所以言天人之际与天人相与之事,以见天人之关系者"[1]。也就是说,儒学讨论"命"或者"天命",主要是想要讨论"天"与"人"二者之间的关系。在这一点上,陈淳在《北溪字义》中对"命"的阐释可以说是正中红心。他说:"命,犹令也,如尊命、台命之类。天无言做,如何命?"[2]也就是说,"命"不过就是来自上天的"令",因为"天"不会产生任何刻意的行为,因此人要认知"天",就必定要从"命"着手。"命"不过是人认知"天"的途径罢了。程颐作为主流儒学的继承者,对从孔孟时代流传下来的传统毫无疑问是认同的。但思想需要不断地演化和发展,"天"与"命"也是同样。因此,程颐对二者做出了明确的界定,即"天之付与之谓命"[3]。程颐像孔孟和陈淳一样,认为"命"是由上天所赋予的,"天"是超越于人类社会之上的必然法则,而"命"是这种必然法则的自然结果,是人力所不能干预、影响和改变的。程颐对此说道:"天理云者,这一个道理,更有甚

[1]/唐君毅:《中国哲学原论·导论篇》,中国社会科学出版社,2005年,第322页。

[2]/(南宋)陈淳:《北溪字义》,第1页。

[3]/(北宋)程颢、程颐:《二程集》,第91页。

穷已？不为尧存，不为桀亡。人得之者，故大行不加，穷居不损。这上头来，更怎生说得存亡加减？是它元无少欠，百理具备。"[1] 上天将原本就圆满无缺的"命"赋予了人，是在人的生命设下了一个正面的界限，人只有努力去认知这一界限，并为落实此"命"而竭尽全力，才能够真正落实"天命"，从而使得上天赋予自己的规定得以圆满。这就是程颐所说的"立命"。

其次来看程颐对"命"所做的分类。对于张载所构建的以"气"为本体的一元论哲学体系，程颐和他的兄长程颢都不甚赞同。而他们构建的以"理"为最高本体的世界，也有着"气"的存在，只不过"气"是由"理"所统御的。这种"理"和"气"相混杂的体系给了程颐更多的可用元素和概念，使得程颐在诠释"命"时为其做出了分殊，将"命"分为了两种：一种是"德命"，另一种是"气命"。程颐说："在天曰命，在人曰性。贵贱寿夭命也，仁义礼智亦命也。动物有知，植物无知，其性自异，但赋形于天地，其理则一。"[2] 程颐认为，不仅人的寿夭贵贱属于"命"的范畴，人的德性高低也属于"命"的范畴。从儒学发展上来看，这显然是对孟子"性"思想的继承和发挥。孟子在论述自己的性善论时曾说："口之于味也，目之于色也，耳之于声也，鼻之于臭也，四肢之于安佚也，性也，有命焉，君子不谓性也。仁之于父子也，义之于君臣也，礼之于宾主也，知之于贤者也，圣人之于天道也，命也，有性焉，君子不谓命

1 /（北宋）程颢、程颐：《二程集》，第31页。

2 /（北宋）程颢、程颐：《二程集》，第315页。

"以义安命"——程颐之"命"

也。"[1] 由此可见,孟子是将"命"区分成两个种类:一个是人的自然欲望,在这个层面上,孟子认为应该以自己的使命感和责任感来抑制自然欲望的过度流露;另一个是人类社会的伦理道德,在这个层面上,孟子认为对君子来说,良好的伦理道德是人之本性,而非外在强加的,因此只要顺从自己的善性就好。而程颐则在孟子这种分类的基础上向前又推进了一步。孟子的"命"论中没有"气"元素的参与,因此没能说清"命"为何会分为这两类。程颐则用自身的理气论为此做出了一个回答。人的"命"分为两种,一种叫作"德命",另一种叫作"气命"。"德命"基本等同于孟子所讲的人性中内在的道德情感,程颐将其表述为天道赋予人身的一种与生俱来的规定,《中庸》中所讲的"天命之谓性",便是这个意思。对于另一种"气命",程颐则与弟子有过一段对话:程颐的一位弟子问老师,为什么上古时代不少人都能活很长时间,而现代人却不行了呢?这是"气"不同所导致的后果吗?而程颐回答说,"气便是命"[2]。由此可知,程颐用"气"来解释"命",认为人"禀气"的多少厚薄会影响人的寿命和生活遭际,而所禀之气的清浊状态则影响到人的才华和德性。他曾说:"气清则才善,气浊则才恶。禀得至清之气生者为圣人,禀得至浊之气生者为愚人。"[3] 例如所谓的"死生有命,富贵在天",在这层意义上便不再是不少人理解的命定论思想,而是从"气"的角度上对"命"

1 / 杨伯峻:《孟子译注》,第333页。

2 /(北宋)程颢、程颐:《二程集》,第199页。

3 /(北宋)程颢、程颐:《二程集》,第291-292页。

进行的解释。

最后来看程颐理论之中"命"对人生会产生怎样的效应。这里我们可以把"命"的效应分为两个不同的方向:一个是"正命",一个是"知命"。

"正命"这种说法事实上也不是程颐的创造,而是在《孟子》中就已经存在的说法。孟子曾道:"莫非命也,顺受其正;是故知命者不立乎岩墙之下。尽其道而死者,正命也;桎梏死者,非正命也。"[1] 每一个人都希望自己能够得到"正命",但什么样的"命"才算得上是"正命"呢?程颐和孟子都认为外在、客观的力量,不出于任何目的而降临到自己人生之中的"命",才是"正命"。一切有着人自身行为影响因素而产生的遭际,都不能算作"正命"。在这方面,朱熹所做的解释更为明白:"人物之生,吉凶祸福,皆天所命。然惟莫之致而至者,乃为正命。故君子修身以俟之,所以顺受乎此也。"[2] 即"正命"是在人力能够影响的范围之外,自然而然就到来了的人生所遇。君子应该做的是兢兢业业认认真真地过好每一天的生活,不断提高自己的道德修养,等待"正命"在某一时刻的到来,并安然地接受它。而所谓"桎梏死者",是从反面来对"正命"的对比。这样的人不了解"正命"的实质而放弃了自身在"命"面前的一切努力,用混日子的心态面对"命"的到来。就好像认为一切都由"命"所注定,而无所谓地站在危墙之下的人,这样的行为是

---

[1] 杨伯峻:《孟子译注》,第301页。

[2] (南宋)朱熹:《四书章句集注》,第349页。

在用人为因素来破坏"命"的外在客观性和神圣性。对这样的人来说,"命"不是上天赋予的使命,而是禁锢自身的枷锁。对此,程颐借对子贡货殖一事的评论说道:"'屡空'兼两意。惟其能虚中,所以能屡空。货殖便生计较,才计较便是不受命,不受命者,不能顺受正命也。"[1] 人一生的贫富贵贱都是上天所定的命运,而子贡却满心惦念着财货金钱,如此便是不能顺受自己的"命",也就无法得其"正命"。程颐曾和一位叫作谢显道的学人发生过一段小故事:谢显道当时已经在太学学习了很久,一天他来向程颐道别,说自己要回蔡州老家去了。程颐问他为什么,谢显道说太学能力出色的学子太多,自己难以出头,不如回老家去参加乡考,考中的机率会比较高。程颐叹息道:想不到你会像当年的子贡一样,如此的"不受命"。子贡惦念的是财富,而谢显道惦念的则是仕途,他并不理解一个人一生的功名利禄也是"命"的一部分,因此而"不受命",也就无法得其"正命"。在程颐劝解之后,谢显道的心态平和了下来,心中不再充满杂念,而是专心于自己功课的进境。次年,"正命"到来了,谢显道获得了"国学解"的官职。[2]

由此可见,中国哲学与西方哲学不同,并不是将人的命运归因于外在的上帝,而是强调"命"与人心的内在关系。一个人只有在心理上知其天命,才能在真实的生活中得其"正命",承担"天"所赋予的使命,并在实现天命的过

[1] (北宋)程颢、程颐:《二程集》,第256页。

[2] (北宋)程颢、程颐:《二程集》,第433-434页。

程中实现自我价值。

而"知命"是儒学自孔子以来一直提倡的,是儒学学者实现自身立命的前提条件,也是理想的君子人格的标准之一。孔子认为:"不知命,无以为君子也。"[1]程颐由此认为所谓的"知命"是要人努力去认识到自身的"命",并且信之。而如果"不知命",就会胡作非为,遇到灾害就出于本能而避退,见到利益也出于本能而追求。这样的人,与被现实利益所摆布的小人有什么区别呢?"命"是由上天所赋予的神圣存在,知其可畏,才能够自觉地承担起天命的重量。由此,才是真正懂得了天命,也懂得了义理。因此,真正的君子不会随便身处危险之处。这一点似乎与小人的趋利避害有相似之处,但随便陷己身于危险之中,是对天命的抗拒,因此不可以作为"命"来论处。而这里,自然又涉及什么是"命"、什么不是"命"的问题了。程颐举了例子来论述这一点即"异教"的发展昌盛。在程颐看来,儒学才是学问的正道,除此之外的诸说都可以算是"异教"。但在他所生活的年代,"异教"却发展得极好。这是一种"命"吗?程颐认为尽管从世俗的层面上来说是一种"命",但是从儒学对"命"的界定上来说,这不能算是"命"。他相信"异教"之所以盛行并非"天"所降的"正命",而是人为的力量所导致的,因此不能说它是儒家意义上的"命"。由此可以发现,程颐在这里所论述的"命",实际上是我们上文中提到的"正命";而"知命"所要知的对象,也

---

[1] 李泽厚:《论语今读》,安徽文艺出版社,1998年,第331页。

仅仅是"正命",而不是被人力所影响了的什么命。真正的君子,只有在知晓"命"和"正命"的分别之后,才能在真正的抉择之时做出正确的选择。而在此之前,君子只需要修身养性等待命运,而无需产生太多疑问,也不需要像古往今来的许多人一样,求助于各种预知未来的神巫手段。

三、以义安命

在面对命运的态度上,程颐继承了孔孟的思想素材,并对这些素材加以扩充和演化,对"义"和"命"进行了区分,为二者设立了界限,为信奉儒学的知识分子们找到了新的安身立命之所,那就是"以义安命"。

首先,程颐论述道:"命者所以辅义,一循于义,则何庸断之以命哉?若夫圣人之知天命,则异于此。""言天之自然者谓之天道,言天之付与万物者谓之天命。"[1]"义"与"命"并非完全对立的两个概念。程颐虽然更为强调"义",但也并不否认"命"对人生所具有的重要意义。他无法将"命"从自己的思想体系中割裂出去。在此意义上,程颐一方面反对无义无命的论调,但同时也同样反对有义无命的论调。程颐的学生吕大临曾对这一点做出了很好的注解:"有义无命,虽有可受之义,而无可得之命,安得而受之?是谓义合于命,故益避启而不受禹之天下。有命无义,虽

[1]/(北宋)程颢、程颐:《二程集》,第125页。

有可得之命，而无可受之义，亦安得而受之？是谓命合于义，故中国授室养弟子以万钟，而孟子辞之也。"[1] 也就是说，如果只强调"义"而忽视了"命"，那么最终"天"赋予人的"命"也必然会丧失殆尽，"义"也会因此而失去与人的关联，变成孤立而失去了意义的概念符号。所谓"命"，是天道流行赋予具体事物的规定和使命，是要通过人的肉身存在来彰显的。人一生的贵贱祸福都来自"天"，落实在人身上才能叫作"命"。如果没有人来承受它，那么"命"就跟不存在一样了。因此，舍弃"命"而只谈"义"是一种不可取的论调，"义"必须在"命"的范畴之内才产生意义。

其次，便是程颐"命在义中"的态度了。这种义命观与前人相比，最大的特色在于依据人贤能的高下对"义"和"命"进行了区分。程颐说："人苟不知命，见患难必避，遇得丧必动，见利必趋，其何以为君子。然圣人言命，盖为中人以上者设，非为上知者言也。中人以上，于得丧之际不能不惑，故有命之说然后能安。若上智之人，更不言命，惟安于义，借使求则得之，然非义则不求，此乐天者之事也。上智之人安于义，中人以上安于命，乃若闻命而不能安之者，又其每下者也。""命皆一也"，是指不管是圣人、贤者还是不肖之人，从上天所得到的"命"其实都是一样的，而不同之处在于，不同的人在"义""命"之间所做的选择不尽相同。程颐认为，孟子对"命"的论述有着

---

[1] 胡广、杨荣、金幼孜：《四书大全校注》，武汉大学出版社，2015年，第273页。

特定的对象人群,这个人群便是"中人以上",也就是天赋在中等水平或更高一些的人。对于天赋极高的"上智之人"来说,他们会自然而然地问"义"不问"命",因为他们出于对道德与善性的领悟,其"命"早已与"义"相合,不辨你我了。而天赋最低的"每下者",即使对他论说"命",也无法被听懂、被接受。由此可见,只有"中人以上"的人群需要辨析"命"的来龙去脉,并最终能够接受自身的"命"。对圣贤而言,只需要关注"义"就可以了。他认为:"圣人即天地也。天地中何物不有?天地岂尝有心拣别善恶,一切涵容覆载,但处之有道尔。若善者亲之,不善者远之,则物不与者多矣,安得为天地?故圣人之志,止欲'老者安之,朋友信之,少者怀之'。"[1]至于如此说的原因,程颐自己也有所表述:"贤者惟知义而已,命在其中。中人以下乃以命处义,如言'求之有道,得之有命',是求无益于得,知命之不可求,故自处以不求。若贤者则求之以道,得之以义,不必言命。"[2]"利害者,天下之常情也。人皆知趋利而避害,圣人则更不论利害,惟看义当为与不当为,便是命在其中也。"[3]也就是说,程颐认为"上智之人"只需要知晓"义"。这里的知"义"并非完全不问"命",而是因为"命"本身便已经在"义"之中。即圣贤在以"义"作为行事准则的时候,便已经担负了自身的"正命",也已经以行"义"的方式"尽命"了。就如同孟子评论孔子的行为时所说:"孔子

[1]/(北宋)程颢、程颐:《二程集》,第17页。

[2]/(北宋)程颢、程颐:《二程集》,第18页。

[3]/(北宋)程颢、程颐:《二程集》,第176页。

进以礼,退以义,得之不得曰'有命'。"¹"礼"和"义"是我所觉悟的人生之道,自己将以此方式树立起自身的尊严。而理想最终能不能实现,则在于"命"的安排,自己只需倾尽努力之后坦然面对即可。可见,圣贤在"义"和"命"的问题上早已通透无比,因此没有必要再向他们言说"命"了。

最后一点,便是"以义安命"了。"义"是人生的正理,是人应当遵守的行为准则;而"命"则是人力所无法干预的。人作为身处社会生活之中的存在,从一开始便在种种人际关系构成的社会网络中生存,有所觉悟的人总有一天不得不对自己走过人生的方法进行选择:是接受长久以来存在的宿命论,消极而绝望地面对命运;还是做好自己该做的事情,自觉地承担"正命",从而带着尊严和理性面对自己的人生。这样一来,或许绝大多数人都会选择后者。那么问题就来了:所谓的"做好自己该做的事情"究竟是指什么呢?它是否有一个通用的标准呢?对于这个问题,程颐认为"命谓正理,失正理为方命……方,不顺也"²,并且"在物为理,处物为义"³。这也就是说,所谓行为处事的通用标准就是"天理",违背了它,人便无"义"无"命"。究竟是违背"天理",作为一个遵循生物本能活下去的小人来生存,还是遵从"天理",作为一个心中有着至高原则的君子来生存,是每一个人站在命运十字路口时必然面对的抉择。对于这场

1 / 杨伯峻:《孟子译注》,第227页。

2 / 梁韦弦:《程氏易传导读》,齐鲁书社,2003年,第56页。

3 /(北宋)程颢、程颐:《二程集》,第1175页。

抉择,程颐说:"君子当穷困之时,既尽其防虑之道而不得免,则命也,当推致其命以遂其志。知命之当然也,则穷塞祸患不以动其心,行吾义而已。苟不知命,则恐惧于险难,陨获于穷厄,所守亡矣,安能遂其为善之志乎?"[1] 上天所降下的"命"是一致的,但人承担它的方式不一样,因此出现了圣贤和小人的人格差异。对于这种差异,宋儒们大多将之归因于天生气禀的不同。因此,在面对人生境遇时,程颐认为应该"问:'富贵贫贱寿夭固有分定,君子先尽其在我者,则富贵贫贱寿夭可以命言,若在我者未尽,则贫贱而夭,理所当然,富贵而寿,是为徼幸,不可谓之命。'曰:'虽不可谓之命,然富贵贫贱寿夭是亦前定。孟子曰:"求则得之,舍则失之,是求有益于得也,求在我者也;求之有道,得之有命,是求无益于得也,求在外者也。"故君子以义安命,小人以命安义。"[2] "命"所规定的富贵贫贱以及寿夭祸福固然是人类所不能干预和改变的,但这并不意味着人就可以无所作为、听天由命。应当在应该行"义"的时候尽己努力,至于如此行事的结果,则没有必要过多计较。因此,君子选择"以义安命",通过行"义"的方式来承担和面对上天所赋予的"命",这就是程颐所说的"至于命"。

程颐用他继承孔孟思想而发展来的"以义安命",为信奉儒学的知识分子找到了新的安身立命之处,使得他们无论面对人生的顺境还是逆境,都能够找到自身的行事依据。程颐说:"在

[1] 梁韦弦:《程氏易传导读》,第58页。

[2] (北宋)程颢、程颐:《二程集》,第307页。

困难艰险之中,乐天安义,自得其悦乐也。时虽困也,处不失义,则其道自亨,困而不失其所亨也。能如是者,其唯君子乎?"[1]这就是说,人身处危险或困境之中的时候,其所做出的抉择更能体现人的本来品质。在这种情况下,程颐所提倡的"以义安命",能够打破人们患得患失的心态和恐慌,从而使得自身的价值和尊严在命运面前得以显现[2]。因此,这种思想对我们生活在现代的人们来说,尽管来自遥远时空的另一端,却依旧有着非常重要的指导意义和借鉴价值。

---

1 / 梁韦弦:《程氏易传导读》,第103页。

2 / 李敬峰:《程颐义命观思想研究》,《理论月刊》,2012年第10期,第44页。

第十章

"修德行仁,天命在我"——朱熹之"命"

作为宋代儒学的集大成者和理学的真正开创者,朱熹继承了程颐有关"命"的理论基础,创造了从心性的角度来讨论"命"的理学思路。他一方面点出了"命"的自然、客观性质,对此,人是无可奈何的,只能选择顺应之;另一方面又强调了"命"的社会性,而在这一方面,人有着做出自身努力的空间,这种努力就是用道德和理性的力量来对待"命"。在朱熹眼中,"命"的自然性质与社会性质之间的互动所形成的张力,是人一生中所要面对的最重要也最强大的影响力。人作为"命"的主体,不得不面对并承担这种张力;而一个人以什么样的态度来对待此种张力,便会在现实生活中形成什么样的人生轨迹。

一、"理命"与"气命"

我们知道,朱熹的儒学学说之所以被称作"理学",是由于他所构建的本体论思想的核心便是"理"这个概念。所谓的"理",

是整个世界以及天地间任何事物的源头、存在依据和运行规则，仿佛一条大河的最初源泉。而一切具体存在的事物都承受了"理"所赋予的规定性，其存在之中就包含着一个小小的"理"。对此，朱熹用"月映万川"的景象进行了解释："理"的存在就好像天上的月亮，永恒不变地照耀着夜空；而世间万物就好像一条条河流，在月亮的照耀下，每条河流的水面上都会映出一个月亮；这些被映出的月亮虽然不是月亮本身，但它们与月亮都有着相同的样子，可以算作月亮的分身。"理"与世间万物的关系大概就是如此。人也与万物一样，其内部都具备"理"与"气"，二者之间有区别也有联系。由此出发，他探讨了"命"所包含的两个层面：一个是"理"的层面，另一个则是"气"的层面。由此可以明显地看出，朱熹的"命"论受程颐"命"论的影响较深。但朱熹并未停留在程颐所论的程度上，他为"命"赋予了更加丰富的内涵。

朱熹曾说："凡事事物物上，须是见它本原一线来处，便是天命。"[1]这便是说，"命"的来源不是别物，而就是"天"。由此更进一步，"命之一字，如'天命谓性'之'命'，是言所禀之理也。'性也有命焉'之'命'，是言所禀之分有多寡厚薄之不同也"。也就是说，比如《中庸》里所讲的"天命之谓性"中的"命"，是由上天赋予人的"命"。它本身是完美无缺的，在质上纯正，在量上充足。这种纯然充足的状态是由于它"所禀之理"，因此可以称为"理命"。而《孟子》尽心下篇中所讲

---

[1] （南宋）朱熹：《朱子语类》，上海古籍出版社，2010年。本章所引《朱子语类》原文皆据此版本。

的"性也有命焉"中的"命",是指本性之中禀赋多少而形成的"命"。它虽然在质上与"理命"基本相同,但在量上有所不同,而这种不同主要是指一个人禀"气"的多少。因此这种"命"被称为"气命"。在朱熹的认知之中,"命之正者出于理,命之变者出于气质。要之,皆天所付予"(《朱子语类》。**本章后同**)。不管是"理命"还是"气命",本质上都只是"天命"而已。它们是二者同一的,并不是说人有两种命。由于人本身既拥有"理",也拥有"气",因此人的"命"尽管只是一个"天命",但却不得不受到"理"和"气"两方面的影响。人所拥有的"理"都是同一的,都是真正的"理"在人生命之中的映像,因此"理命"受其影响,必然纯正而充足;而人所禀赋的"气"则在多少强弱厚薄上有着种种差别,因此"气命"受其影响,便出现了各种各样的差异。总的来说,在"天"赋予"命"的前提之下,"命"出于理为纯正,"命"出于气质便会有所变化,甚至可能出现不纯正的状况。但无论如何,这些都是"天命"。所谓的"理命"与"气命"是同一个命,只不过是观察角度的不同造成的区分罢了。

从朱熹与其弟子们的问答之中,我们可以看出这种"理命"与"气命"的理论随着讨论和辨析逐渐强化起来。例如,有学生问朱熹"天命谓性"之中的"命"与"死生有命"之中的"命"有什么区别。朱熹便回答道:"'死生有命'之'命',是带气言之,气便有禀得多少厚薄之不同。'天命谓性'之'命',是纯乎理言之。然天之所命,毕竟皆不离乎气。""天命谓性"之中的"命"直接来源于"天理",也就是上文所说的"理命";《论语》颜渊篇中所讲的"死生有命",其"命"根据人气禀多少的差异而不同,因此是"气命"。但就像"理"和"气"在人身上无法完全分开一样,人的"理命"与"气命"也没有办法完全分割开来。其中,"气"有着更为特殊的地位。对此,朱熹也在解答学生疑问时说过,"理命"和"气命""也都相离不得。盖天非气,无以命于人;人非气,无以受天所命"。也就是说,"气"是"天"与"人"之间的中介,通过"气"这座桥梁,"天"将"命"赋予了具体的人,人才能秉受"天命"。"天"离开了"气"便无法将"命"赋予人,人离开了"气"也就无法接纳天命了。而相比"气"的桥梁性作用,"理命"则具有更为根本性的意义。对此,朱熹曾和学生有一段对话:"问:'先生说:命有两种:一种是贫富、贵贱、死生、寿夭,一种是清浊、偏正、智愚、贤不肖。一种属气,一种属理。以侗观之,两种皆似属气。盖智愚、贤不肖、清、偏正,亦气之所为也。'曰:'固然。性则命之理而已。'"朱熹认为,人生的贫富贵贱、死生寿夭都是"天命"所定的,是"理命",人对此只有接受;但一个人人性的清浊、能力上的智愚、德性上的贤不肖,则都属于人为的范畴,这些都是"气命"。只不过二者相比,从源头上来看,"理命"比"气命"更为根本一些。在从"理"和"气"两个层面来看待"命"时,朱熹强调"命"一方面具有注定性,另一方面具有可改变性。曾有学生向朱熹询问"莫之致而至者命也"这句话的含义。对此朱熹回答:"命有两般。'得之不得曰有命'自是一样,'天命之谓性'又自是一样。虽是两样,却只是一个命。"由此可见,朱熹认为"命"有两种,一种是人力所不能影响、控制的"命",这可以说是一种宿命,对此人只能接受和顺从,《孟子》万章上中所说的"得之不得曰命"便是这种类型;而另一种是《中庸》讲的"天命之性",这是指人之"性"是由天命所赋予的,这种"性"也称为"命",而这一点是可以通过人的努力来修养和提升的。当然,它们仍旧属于同一个"命",只是观察角度有所不同罢了。朱熹还用朝野官场进行了形象的比喻:"天"就等于皇帝,人就等于皇帝的臣子,"命"就等于皇帝下达的命令,"性"就等于臣子行事的能力、方式与原则。当皇帝向一个臣子下达命令,交给他一个比较困难的任务时,对臣子来说,这项任务的最终结果、皇帝会怎样评判臣子的行为、之后能拿到多少俸禄、需要耗费多少时间等,某种程度上都是无法预测的,这便是"命"。但即使如此,也并不意味着臣子就没有努力的空间,就可以什么都不做地听天由命。身为臣子,一定会不断学习来提升自己的能力,竭尽所能去做好自己能够做好的事情,考虑到一切能考虑到的因素,尽可能地达到皇帝的要求。并且,这种努力最终也会将任务推向一个更好的结果。"命"尽管是注定且不可预测的,但在"性"的方面却并非没有努力改变的余地。

"理命"与"气命"又是相互联系的。《孟子》尽心下篇有这样一段话:"口之于味也,目之于色也,耳之于声也,鼻之于臭也,四肢之于安佚也,性也,有命焉,君子不谓性也。仁之于父子也,义之于君臣也,礼之于宾主也,知之于贤者也,圣人之于天道也,命也,有性焉,君子不谓命也。"这引发了朱熹与弟子们之间的讨论,并由此进一步深化了对于"气命"与"理命"之间关系的认识。初时有弟子问道:"孟子谓'性也,有命焉',此'性'所指谓何?"朱熹回答道:"此'性'字指气质而言,如'性相近'之类;此'命'字却合理与气而言。盖五者之欲,固是人性,然有命分。既不可谓我性之所有而必求得之,又不可谓我分可以得,而必极其欲。""性也,有命焉"之中的"性"是从"气"的层面来说的,《论语》中的"性相近"也是一样。但此句中的"命"则同时囊括了"理"与"气"两个层面,是从"理""气"合一的角度来论述的。孟子所说的"五者之欲",即感官追求享受、肢体追求安逸等,都是人性中固有的需求,是由"气命"而来的禀赋。但我们并不能因为这些是人性中固有的东西,就对此不加节制。因为"命"不仅仅只有"气命",其更重要的源头是"理命"。如果像纣王沉溺于酒池肉林一样沉溺于变动而不纯正的"气命",抛弃了原本纯正的"理命"的话,就会被欲望所束缚,与禽兽没有什么区别了。因此,"性也,有命焉"一句的立脚点是"命"而不是"性",人们应该对人性中固有的欲望和感官追求加以节制。

而对于另一句"命也,有性焉",朱熹也做出了解释:"此'命'字专指气而言,此'性'字却指理而言。""此是合下来所禀有厚薄,而所遇有应不应。但其命虽如此,又有性焉,故当尽性。大抵孟子此语是各就其所重言之,所以伸此而抑彼,如《论语》所说审富贵而安贫贱之意。张子所谓'养则付命于天,道则责成于己'是也。然又自要看得活。道理不是死底物,在人自着力也。"这里涉及一个故事背景,即上古圣王舜尽管天赋极好,但其原生家庭的状况则很不好,他的父亲瞽瞍非常厌恶舜,经常以各种方式折磨他。但舜自始至终对父亲非常好,即使在成为帝王之后,依旧对父亲给自己带来的痛苦未置一言。舜生来有着这样的父亲,这是注定的气数,是无法由舜自己来选择的命运。人的"命"受到所禀之"气"清浊厚薄的影响,一个人的造诣有浅有深,人的遭遇有应有不应,这些都由"气"的厚薄清浊造成。人的天赋是不同的,尧、舜生来便拥有成为圣王的才能,商汤、周武王则需要一番努力才能成为王者,大禹则能"入圣域而不忧"。但尽管"命"是注定如此的,其中却还有着"性"的存在。"命也,有性焉"一句的最终落脚点是"性",这就意味着人不可以一味听任"命"的摆弄,应当以"尽性"的方式在一定程度上去努力改变自己的"命"。就比如即使身处这样糟糕的家庭环境之中,舜却尽己所能侍奉着父亲;尽管父亲并不遵守父子之道,但舜的一举一动都未曾破坏这种伦理规则。最终他没能改变父亲,却让自己成为一代圣王,这便是所谓的"尽性"。事实上,"命"包含着"天命"和"性命"两个方面,朱熹在回答弟子提问的时候也对二者进行了区分。学生问道:"'穷理尽性,则性天德,命天理.'这处性、命如何分别?"朱熹回答道:"性是以其定者而言,命是以其流行者而言。""盖人生气禀自然不同。天非有殊,人自异禀。有学问之功则性命于德,不能学问,然后性命惟其气禀耳。"如果说"命"是流水的话,"性"便是一个人拿着碗来盛水。碗大就盛得多,碗小就盛得少;碗干净盛得的水就会清澈,碗污浊盛得的水就也污浊。因此,"性"与"命"是不同的。朱熹认为,"天"对人一视同仁,其降下的天赋对所有人来说都是平等一致的。但人在接受天赋时出现了差异,这种差异是由"气"禀的不同而造成的,这里所说的"气"禀,本质上来说是主体自己所选择接受的东西。因此,"命"之中有天赋的因素,也有人受的因素。二者之中,人受的因素更为重要。人有自身的主观能动性,必须以学问和修养来完善自己,使自己所接受的"命"与天命相接近,否则便只能听任"气"的摆布,陷于人性欲望之中而不可自拔。

二、"所禀"与"所值"

朱熹曾言:"'命'字有两说:一以所禀言之,一以所值言之。"此处的"所禀",就是指我们上文所分析的,由"天"赋予人而被人所禀受的"命"。而"所值",便是所遇,指的是人在生活中偶然遭遇的"命"。关于"所禀"与"所值"的关系,朱熹也在与弟子的问答之中进行了说明。有弟子问:"孟子道性善,不曾说气禀。"而朱熹回答道:"是孟子不曾思量到这里,但说本性善,失却这一节。"弟子又接着问:"气禀是偶然否?"朱熹答道:"是偶然相值着,非是有安排等待。"由此可见,朱熹认为孟子在此处讲性善并没有说到气禀的问题,而气禀属于偶然的结果,不是上天的有意安排。

"所禀"是从先天禀赋的角度来理解命的。对此,朱熹说:"所禀者厚而清,则其仁之于父子也至,义之于君臣也尽,礼之于宾主也恭,智之于贤否也哲,圣人之于天道也,无不吻合而纯亦不已焉。薄而浊,则反是,是皆所谓命也。"[1]所谓禀赋,便是指"命"中本有的意思。禀赋不同,伦理和社会关系的表现就会不同。禀赋"厚而清"的人,在社会伦常方面仁至义尽,在人际礼仪方面恭敬有礼,在个人才能方面贤明聪慧;禀赋"薄而浊"的人则会表现相反。此外,禀赋分为很多个方面,各方面的禀赋叠加起来,会对人有一个综合性的影响。对此有弟子问:"得清明之气为圣贤,昏浊之气为愚不肖;气之厚者为富贵,薄者为贫贱,此固然也。然圣人得天地清明中和之气,宜无所亏欠,而夫子反贫贱,何也?岂时运使然邪?抑其所禀亦有不足邪?"朱熹说:"便是禀得来有不足。他那清明,也只管得做圣贤,却管不得那富贵。禀得那高底则贵,禀得厚底则富,禀得长底则寿,贫贱夭者反是。夫子虽得清明者以为圣人,然禀得那低底、薄底,所以贫贱。"此处弟子问了一个很有趣的问题:圣人应该是禀

1 / 朱熹:《四书章句集注》,上海古籍出版社,2010年,第378页。

受天地中"清明中和之气"而生的完美无缺的人，那么身为圣人的孔夫子为什么贫贱一生呢？他的禀赋难道也有所不足吗？对此朱熹解释道：这种状况确实是由于某些方面禀赋不足造成的。孔子虽然禀受了"清明中和之气"，但在富贵方面气禀低薄，因此而贫贱一生。与此相比，颜回就更加明显了。他的德性高尚得到了孔子的称赞，可见其德性方面所禀之气是多么清明；但其他方面又禀得了短命之气，因而英年早逝。人的气禀有着很多方面，像富贵、寿夭等等，都各自有着定数。就好像生长在山中的珍贵木材，有的会被匠人认出，被砍伐变成宫殿的栋梁；有的则被无知之人砍伐而变成了烧火的柴炭。这样的结果并不是偶然的，而是这些木材生来就有着不同的运气。人也是如此，有着什么样的经历，都是由降生之时所禀的气数来决定的。而气数包含着很多方面，即使在这一方面出色，也并不能保证方方面面都出色。历史上便有大量贤者夭折、暴横者得志、盗贼逃脱惩罚而长寿的例子，这都是由不同方面的禀赋不同而造成的。

"所值"指的是遭遇。在这一方面朱熹主要强调的是，人即使有着注定的"命"，但人一生中可能发生各种各样的偶然遭遇，这是"命"不可捉摸的一面，对此应该灵活处理。例如有弟子问道："孟子谓'知命者不立岩墙之下'，今人却道我命若未死，纵立岩墙之下，也不到压死。"对此朱熹回答："莫非命者，是活络在这里，看他如何来。若先说道我自有命，虽立岩墙之下也不妨，即是先指定一个命，便是纣说'我生不有命在天'。"《孟子》尽心

第十章
"修德行仁，天命在我"——朱熹之"命"

上篇中的"知命者不立岩墙之下"这一句，对于宋儒论"命"来说是一个不得不解释的问题。程颐对此曾有过解释，我们在上文中已经提及，而朱熹对此的解释却有所不同。他认为，人尽管有着注定之"命"，但是"命"中也有着诸多偶然性因素。就好像同样有着注定的"命"，又同样站在危墙下面，有的人会被压死，有的人就是不会。张载便有过"行同报异"的说法，在很多时候，同样的行为就是会神使鬼差地得到不同的结果。因此，单纯探讨"命"的注定性是不够的，论"命"应该考虑到遭际，也就是诸多不确定因素的存在，并对此采取灵活对待的态度。因此，朱熹并不赞同像程颐一样单纯地论述"命"。朱熹在对这一点进一步论述时，明言不同的遭遇也是由"气"所造成的。有弟子提问道："富贵有命，如后世鄙夫小人，当尧、舜、三代之世，如何得富贵？"朱熹回答："当尧、舜、三代之世不得富贵，在后世则得富贵，便是命。"弟子又说："如此，则气禀不一定。"对此，朱熹回答道："以此气遇此时，是他命好；不遇此时，便是有所谓资适逢世是也。"在这一段问答中，朱熹与弟子探讨的是富贵之命的问题。在这里，他提出了"气遇"这种说法。也就是说，富贵是一种遭际，而这种遭际由"气"所驱动，是有流动性的。人是否能够富贵，不仅仅取决于自己有没有富贵之"命"，也在于是不是能遇到这种流动的富贵之"气"。在尧舜的时代没能得到富贵，在后世却得到了，这就是遇到了、碰上了，是偶然性所造成的结果。

朱熹和很多儒学思想家一样，也有着"正命"和"非正命"

的认知和判断。在他看来，上文中所论述的，由本体"理"映入人生命之中的"理命"是人的"正命"；而气禀之"命"和偶然"性"的遭遇，则算作"非正命"。对此，朱熹在回答门人提问时说："所谓命者，如天子命我作甚官，其官之闲易繁难，甚处做得，甚处做不得，便都是一时命了，自家只得去做。故孟子只说'莫非命也'，却有个正与不正。所谓正命者，盖天之始初命我，如事君忠，事父孝，便有许多条贯在里。至于有厚薄浅深，这却是气禀了；然不谓之命不得，只不是正命。如桎梏而死，唤做非命不得。盖缘它当时禀得个乖戾之气，便有此，然谓之'正命'不得。故君子战兢，如临深履薄，盖欲'顺受其正'者，而不受其不正者。且如说当死于水火，不成便自赴水火而死！而今只恁地看，不必去生枝节，说命说遇、说同说异也。"就好像前文中曾提起的比喻一样，"命"就好像皇帝对臣子所下达的任命。不管一个差事有多少困难，什么地方能做什么地方不能做，作为臣子来说都得去做，这就是"命"。但"命"也有一个正不正的问题。就比如在日常伦理的领域里，上天原本就让我忠于君主、孝敬父母，这种原则性的存在就是"正命"。但一个人能忠于君主到什么程度、孝敬父母到什么程度，完全取决于自己，这便属于气禀，它与个人先天的禀受有关，也与个人后天的心态和努力有关，它便是"非正命"。"正命"即是由天所赋予的"性"和"理命"，"非正命"则表现为人的气禀与遭遇。而作为一个君子，应该如《诗经》中所描述的"战战兢兢，如临深渊，如履薄冰"一般，在日常处事时谨慎小心,尽可能地顺受"正命"而远离"非正命"。

三、道德意义上的"命"

综上所述,人所拥有的"理命"都是同一的,但人生在实际的层面上,更多地受到"气命"的摆布。尽管"气命"也是注定的,其中却仍旧有着人做出努力的空间。颜回英年早逝、伯牛身患不治之症,都是他们气禀有所缺陷,因此命中注定寿命不长。而朱熹对此则说:"要之,此亦可变。但大概如此力行。"这便是说"气命"某种程度上是有改变的可能性的。而如同儒家绝大多数学者一样,朱熹重视主体的道德修养,并将其作为展示人类在命运面前主动性的方法和途径。因此在"命"论之中,朱熹非常重视在道德层面的论述。他对此说道:"不能自强,则听天所命;修德行仁,则天命在我。"这是一句冲击力相当强的话。面对"命"的摆布,很多人感到无力和绝望,从而认为反正"命"都是注定的,便以混日子的心态混过每一天的生活,这便是朱熹所说的"听天所命",是一种非常消极的对待"命"的态度。而如果不想这样混过自己的人生,便应该在"命"面前抬起头来,用"修德行仁"的方式努力提高自己的道德修养,以认真谨慎的态度过好每一天,以积极的心态去对待"命"。这样一来便是"天命在我",人能够用这样的方式去把握命运。

那么,人应该如何"修德行仁"、提高自己的道德修养呢?关于这一点，朱熹首先辨明了气禀与德性之间的关系。他认为："德性若不胜那气禀，则性命只由那气；德性能胜其气，则性命都是那德；两者相为胜负。盖其禀受之初，便如此矣。然亦非是元地头不浑全，只是气禀之偏隔着。故穷理尽性，则善反之功也。'性天德，命天理'，则无不是元来至善之物矣。若使不用修为之功，则虽圣人之才，未必成性。然有圣人之才，则自无不修为之理。"在朱熹看来，一个人的气禀与德性是一直处于斗争状态的。一般来说，德性来自天命，是完美无瑕的，而气禀则来自"气命"，有偏全、厚薄之分。在二者长期的互动或是斗争之中，德性能够战胜气禀对人的发展来说是最为理想的。但现实往往不是这样，人对于自己人性中的动物欲望控制力不足，因此气禀常常会获得胜利，从而影响一个人本来德性的展现，使得人表现出一系列破坏德性的行为。因此，君子必须"穷理尽性"，挖掘自身与生俱来的内在善性，如此便能够回复到原本的至善状态，也就是重现自身所映照出的"理"。而如果不进行"穷理尽性"的修养，即使一个人原本有着成为圣人的天赋，这种天赋也最终会被欲望破坏殆尽，以至于无法展现出这种天赋。也就是说，即使人有着上佳的天赋才能，也必须要通过自身的道德修养来展现这种才能，使自己的天命得以完成。

"义"是自孟子以来儒学道德之中的重要内容。我们上文提到，程颐在这一方面进行了相当精到的论述，而朱熹基本上继承了程颐关于"义"、"命"关系的观点，认为君子面对二者时，应

第十章
"修德行仁，天命在我"——朱熹之"命"

该以"义"为重："君子之所急，当先义。语义，则命在其中。如'行一不义，杀一不辜，而得天下，不为'，此只说义。若不恤义，惟命是恃，则命可以有得，虽万钟有'不辨礼义而受之'矣。义有可取，如为养亲，于义合取而有不得，则当归之命尔。"与程颐所持的观点一样，朱熹认为君子应当以"义"为先，"命"便自然在其中了。如同《孟子》公孙丑上篇中的论述，"行一不义，杀一不辜"都属于破坏了"义"。而如果就这样毫无顾忌地破坏"义"，自以为有"命"在，便无所不为的话，或许会一时得到丰收，但这样的行为毕竟不符合社会人行事的原则。如果尽心竭力地行义，在各方面都遵守着"义"的规定，但最终仍旧没有得到自己想要的人生的话，这就不得不归因于"命"了。但当人处于这样的绝境中时，仍旧不应该就此绝望，仍要为达成自己的理想和目标而拼尽全力。因为这是唯一能够对抗"命"的办法。至于最终能否真正实现，就交托给"命"，坦然面对之即可。对此朱熹曾论述道："孟子言舍生而取义，只看义如何，当死便须死。古人当此，即是寻常，今人看着是大事。"孟子讲"舍生而取义"，认为只要符合自己心中的道义，即使死也值得。这样的价值观念在古人看来实属平常，那个时代的不少人都曾亲身实践过这样的求仁得仁，到自己所处的宋代反倒成了件了不得的大事了。朱子认为这有些小题大做，一方面死者死得其所，生者应当为之感到庆幸；另一方面生死本就属于自然生命的一部分，人们应当顺应它的到来，何况是"舍生取义"这样有价值的牺牲呢。

和程颐一样，朱熹也认为"命"与"义"被孟子等圣贤分开来讲，是由于凡人与圣人的天赋和基础都有所不同。因此，圣人自然合于"义"，而凡人则应体会"命"，二者有着相互对应的关系："盖只看义理如何，都不问那命了。虽使前面做得去，若义去不得，也只不做；所谓'杀一不辜，行一不义，而得天下，有所不为'。若中人之情，则见前面做不得了方休，方委之于命；若使前面做得，它定不肯已；所谓'不得已而安之命'者也。此固贤于世之贪冒无耻者，然实未能无求之之心也。圣人更不问命，只看义如何。"圣人从不问"命"，只是自然而然地以"义"为行为标准去处事，即使是富有天下这样的好事，如果不符合"义"的要求也不屑去做。如此一来，圣人的一举一动自然而然都是与"义"的要求相合的。而绝大多数人并无如此出色的道德天赋，因此不可能自然合于"义"，常常是由于做事碰了壁，心灰意冷的时候，才把一切原因和结果都归结于"命"。这种心态虽然不值得提倡，但仍旧算是有着能够体会"命"之本质的心。对于绝大多数的普通人，要想让他们踏上提升自我修养的道路，就不得不从"命"这个概念入手来引导。因此朱熹又说："圣人不自言命。凡言命者，皆为众人言也。'道之将行也与？命也。'为公伯寮愬子路言也。'天生德于予'，亦是门人促之使行，谓可以速矣，故有是说。'不知命无以为君子'，亦是对众人言。"这就是圣人和凡人的区别，圣人从不对自己讲"命"，讲"命"都是讲给普罗大众听的。例如《论语·述而》之中记载的"天生德于予，桓魋其如予何",是孔子讲给门下弟子们的;《论语·尧曰》中记载的"不知命,无以为君子",也是讲给众人听的。但是,圣人虽然不对自己言说"命"的问题,其产生却与"命"有着直接的关系。对此,朱熹说:"天地那里说我特地要生个圣贤出来!也只是气数到那里,恰相凑着,所以生出圣贤。及至生出,则若天之有意焉耳。"天地并无意志,并不会特意安排一个圣贤出来教化众生。圣贤的诞生是"气数"偶然造成的,而这里的"气数"实际上就是指"命"。由于圣贤降生之后的才华与作用太过显著,在不明真相的百姓看来似乎是上天特意这么安排的,但事实并非如此。在这一点上,朱熹发挥了《论语·述而》中的"用之则行,舍之则藏",认为:"圣人'用之则行,舍之则藏',未尝到那无可奈何处,何须说命!如一等人不知有命。又一等人知有命,犹自去计较。中人以上,便安于命。到得圣人,便不消得言命。""用之则行,舍之则藏",在这里是指普通人在事情进展顺利的时候不会想到"命"的问题,只有在不顺利的时候才会想这一切是否都是"命"的玩笑。本质上来说,这是由于没有更高的行为标准和道德准则,太过看重自身欲望的满足和利益的累积造成的。而圣人有着"义"作为自身一切出处进退的准则,即使在面临困境之时仍能悠然处之,因此内心从来不会走到"那无可奈何处"。尽管认知上晓得"命"的存在,却从来不会特别关注"命"的问题。普通人也是有着天赋上的差别的。有些人根本不知道有"命",有些人则知道有"命",这些人只能停留在"知不知"的层面上,属于天赋中下等的普通民众；天赋处于中等或以上的人们，不仅仅知道"命"的存在，并且能够认知"命"的本质，并让自己安于"命"；而圣人则像我们方才所讲的一样，知"命"却又不谈及"命"，完全搁置有关"命"的问题，要求自己从"义"出发来行事。因此，普通民众与圣人对于"用之则行，舍之则藏"的心态是有很大不同的。普通人"用之则行"完全是为了满足自己的愿望，"舍之则藏"是出于不得已，并非心甘情愿。可见，想到"命"、寄托于"命"，本质上来说也是一种不得已。圣人则采取超脱的心态，不会将自身寄托于"命"的力量。

我们在上文中已经提到，朱熹也认为"命"有正命和非正命的差异。在辨明了"义"与"命"对于不同人的不同关系之后，朱熹从多个方面剖析了正命和非正命的联系与区别。首先，他从"理"和"义"的角度区分了正命与非正命："'尽其道而死者'，顺理而吉者也；'桎梏死者'，逆理而凶者也。以非义而死者，固所自取，是亦前定，盖其所禀之恶气有以致之也。"自生至终能够一直符合"理"的原则，从而"尽其道而死者"，便是得了"正命"的人生；违背"理"的要求和原则，被命运摆布而"桎梏死者"，便是屈从于"非正命"的人生。前者顺应理义而得吉象，后者悖离理义而得凶象。但"桎梏死者"事实上也是出于"命"的影响，不能说它就不是"命"。只不过这样的人生来便禀得乖戾之恶气，并且没能觉悟到通过提升修养而改变命运的可能性。因此，天生禀赋的不同最终决定人的结果。

其次，朱熹还从顺逆的角度区分了正命和非正命。他曾说："若是'惠迪吉，从逆凶'，自天观之，也得其正命；自人得之，也得其正命。若惠迪而不吉，则自天观之，却是失其正命。如孔、孟之圣贤而不见用于世，而圣贤亦莫不顺受其正，这是于圣贤分上已得其正命。若就天观之，彼以顺感，而此以逆应，则是天自失其正命。"此处，朱熹引用了《尚书·大禹谟》中的语句"惠迪吉，从逆凶"。此句中的"迪"是指道路，其意义大致为顺着大道走便得吉象，逆着大道走便会得凶象。但是在现实生活中，往往并不是这么简单。有些人顺应规律、顺应理义的准则而生活，却没能得到好的结果；有些人桀骜叛逆，违背理义的准则，却没有得到任何惩罚。前者的情况，从人的角度来看算是"得其正命"，从"天"的角度则是"失其正命"。值得注意的是，此处朱熹所说的不是在"天"看来人"失其正命"，而是在"天"看来"天""失其正命"。而后者的情况，自然是人"失其正命"，"天"也"失其正命"了。例如孔子和孟子，都终生遵照理义的准则规范自己的言行，可以称得上是一代圣贤；但他们终生不被当权者看重，其思想也并未被当时的大多数人所接受。但圣贤行义而终，已经是顺应天命，可以说是得其正命而度过了一生。圣贤顺"天"而生、顺"天"而行，但"天"却并不公平，让他们在一生中面对着大量的困境与痛苦，这是"天"自身出了问题。此时，"天"已经失去了它的正命，遭受苦难的圣贤们却因严谨认真的一生而获得了正命。朱熹的这种观点，与他的前辈相比大大加强了人的主体性。

在他所构建的道德体系之中，人并不是只能被动接受不公正的待遇。因此，朱熹尽管赞成绝境之中的"舍生取义"，但却反对轻易求死。他说道："有罪无罪，在我而已。古人所以杀身以成仁。且身已死矣，又成个甚底？直是要看此处。孟子谓'舍生取义'，又云：'志士不忘在沟壑，勇士不忘丧其元。'学者须是于此处见得定，临利害时，便将自家斩截了，也须壁立万仞始得。而今人有小利害，便生计较，说道恁地死非正命，如何得！"由于"天"不一定就是公平的，因此对于觉悟了理义准则的君子来说，有罪无罪的判定在于自己的内心。像《论语》卫灵公篇中的"杀身以成仁"、《孟子》告子上篇中的"舍生取义"，还有《孟子》滕文公下篇中的"志士不忘在沟壑，勇士不忘丧其元"等，更多提倡的是一种面对困境而勇敢无畏的精神。身处困境之中时，有"舍生取义"的觉悟固然不是错误的，但轻易放弃生命也并不可取。人需要在社会现实中磨砺自身，从而成为一个精神坚毅的君子，这也属于得到正命的一部分。

最后，朱熹从人为和自然的角度区分了正命和非正命。他说："世间事若出于人力安排底，便已得。若已不得底，便是自然底。"这里的"已得"，指的是由人力所影响、安排的事情，这种事情带有安排者的主观意识，因此它引出的是非正命；"已不得"指的是纯属自然而然的结果，它不带有任何人的主观意识，具有某种意义上的必然性，因此属于正命。朱熹在这里以获罪为例来进行论述："有罪而被罢者，非正命；无罪而被罢者，是正命也。"此段中举出了两种不同的情况：第一种是自身原本没有罪，却被冤枉成有罪，最终被罢免了官职，这便属于正命；而本身确实有罪而被罢免，就属于非正命。前者似与罪无关，可能是其他原因招致罢免，不过朱熹并未说明。后者正反，由此区分正命与非正命。

除去正命和非正命的区别之外，朱熹还曾提及过一种"不正命"。这种"命"在其表述中有"不相遇"的含义。例如"孔、孟老死不遇，须唤做不正之命始得。在孔、孟言之，亦是正命。然在天之命，却自有差"。比如孔子和孟子都是圣贤，如能相遇并共同为理想和道义而努力，或许儒学在当时的命运就会不同。但命中注定两人生在了不同的时代，永远无法相遇。在这个角度上，命里注定不能相遇，便可以称为"不正命"。当然，这并不影响孔子和孟子各自终生顺应天道、发奋图强，最终求仁得仁而得其正命。正命和不正命都属于天命，只不过角度上有所不同而已。

四、知命、致命、改命

朱熹所持的对待"命"的态度，由道德领域出发，展现出一种十分积极向上的心态，具体表现为知命、致命、改命三个阶段。所谓的"知命"，便是认知"命"，由理性起步去知晓"命"的本质；所谓的"致命"，是指在无法摆脱的困境之中，直面死亡，用生命来换取更为重要的东西；所谓的"改命"，便是指改变命运。下面，我们便来一个个地了解这三项。

首先来看"知命"。"知命"的说法自然是从孔子的"五十而知天命"处衍生而来的。曾有弟子专门针对这一句名言向朱熹提问:"'四十而不惑,五十而知天命。'不惑,谓知事物当然之理;知天命,谓知事物之所以然;便是'知天''知性'之说否?"朱熹回答道:"然。他那里自看得个血脉相牵连,要自子细看。龟山之说极好。龟山问学者曰:'人何故有恻隐之心?'学者曰:'出于自然。'龟山曰:'安得自然如此!若体究此理,知其所从来,则仁之道不远矣。'便是此说。"朱熹的这位学生认为,孔子所讲的"四十而不惑,五十而知天命"中,"不惑"指的是认知到事物存在与发展的规律和必然性,"知天命"指的是认知到事物存在的原因以及事物之间的联系,而能够认知到这一切的原因,是孔子已经"知天知性",即已经深入地理解了自己本身的善性,并借此将自身与天道相融合了。朱熹对此明确表示了肯定。后面引用杨时与他人的对话是在表明,尽管善性原本就在人心之中,是完全自然而然的存在,但要真正认知它、发扬它仍是很困难的。即使是孔子这样天赋绝伦的圣人,不还是到四十岁才能真正做到这一点吗?只有在生活的点点滴滴中着意探究这种自然善性背后的必然性和原因,才能够逐渐向着"仁之道"迈进。对于"知命",在《论语》尧曰篇中还有着"不知命,无以为君子也"一句名言,自古以来便被当作"君子"的合格标准。对此朱熹也非常赞同:"死生自有定命,若合死于水火,须在水火里死;合死于刀兵,须在刀兵里死,看如何逃不得。此说虽甚粗,然所谓知命者不过如此。

若这里信不及，才见利便趋，见害便避，如何得成君子！"也就是说，君子即使知道自己的"命"并不好，也会勇于面对它。如果面对生命的必然而呼喊逃避，便是没有真正认知这种必然性，这属于不知命的表现，自然也就意味着此人没有达到君子的标准。面对"命"祸福难料的赋予而勇敢积极地回应，在能够做到的范围内努力求得最好的结果，是儒学对待"命"的一贯态度。

其次来看"致命"。朱熹曾经说过这样的话："困厄有轻重，力量有小大。若能一日十二辰点检自己，念虑动作都是合宜，仰不愧，俯不怍，如此而不幸填沟壑，伤躯殒命，有不暇恤，只得成就一个是处。如此，则方寸之间全是天理，虽遇大困厄，有致命遂志而已，亦不知有人之是非向背，惟其是而已。"一个人的一生要遭遇大大小小的困难，这些困难有轻有重，对人生的影响也有大有小，令人心力交瘁。但如果能做到每天都定时反省自己的心理和行为，尽可能保证自身合于天理的话，便能无愧于心。在这样的情况下，即使面临无法走出的困境，也可以无怨无悔、死得其所。正如《周易》困卦中所说的"致命遂志"一样，尽管是舍弃了生命，但理想和志愿已然实现，是求仁得仁。当然，我们在上文中也讲过，朱熹并不赞成轻易选择死亡。虽然身为君子便应该有"致命"的觉悟，但只有在万不得已的情况下才能够选择这样的终结方式。

最后来看"改命"。能够提出"改命"的论调，可见朱熹面对"命"的态度是多么的积极。而"改命"的重点便是尽人事。例如不少贤明的君主，生下的继承人却不太出色，甚至很不像样，很多人便认为这都是天意，是上天要让一个不出色的人继承帝位。但朱熹对此却有着不同的认知，他认为圣人和圣王可以用"穷理尽性以至于命"的方式改变此类命运。比如尧的儿子便不适合继承帝位，因此尧没有传位给儿子，而是传位给了舜。原本是不好的命运，却被尧自己的选择而改变了。由此，他改变了国家的命运，使得人民能够得到一个好的治世君主和一个平安贤明的时代。这便是尽人事所造成的"改命"。另外，尽人事是以求"道"为根本旨归的。朱熹曾说："尝爱孟子答淳于髡之言曰：'嫂溺援之以手，天下溺援之以道，子欲手援天下乎？'吾人所以救世者，以其有道也。既自放倒矣，天下岂一手可援哉！"他所欣赏的《孟子》离娄上篇中的这一句话是说，尽管当时有着"男女授受不亲"的道德要求，但是嫂子落水濒死的时候，君子仍旧要伸手去搭救；当社会混乱、民不聊生，国家处于危亡之际的时候，即使困难无比，君子仍旧应当用道义来为国家人民尽一份心力。这就是儒家学者所倡导的济世安邦的外王之道。

五、面对"命"的朱熹

朱熹不仅吸收了前人的思想财产，提出了大量有关"命"的深刻论断，并且也以自身的实际行动为后人做出了表率，以亲身遭际切实实践了自己所倡导的对待"命"的态度。

第十章
"修德行仁，天命在我"——朱熹之"命"

与朱熹同为"东南三贤"的理学家张栻曾说，朱熹这个人命里注定"官多禄少"。这某种程度上确为事实，朱熹曾经屡次辞去官职，专心在家著书立说、传授弟子。南宋绍兴三十一年（1161年）秋天，宋朝和金的关系逐渐紧张，金统治者完颜亮分兵四路进犯南宋，直至长江北岸。宋高宗恐慌不已，想要乘船借海路南逃，却由于忠臣们的劝阻而作罢。不久之后，宋军挫败了金兵前锋，危机的形势稍稍缓和。这个消息传到了当时在延平求学的朱熹耳中，他不禁欣喜若狂。借此，朱熹给当时负责军事的大臣写了一封信，信中认为必须乘胜追击，满足于一时的安全而不思进取是不明智的。不久，朝廷起用主张抗战的将军张浚，并平反了岳飞冤案，表现出一些抗战的决心。朱熹此时又上奏朝廷，提出了罢黜和议、任用贤能的意见。这一奏章使朱熹得以面见宋孝宗，并获得了一个不大不小的官职。但不久之后，张浚又被罢黜出京，且病死在途中。朝廷内的主和派势力又一次逐渐猖獗，宋金之间达成了合约，关系暂时缓和下来。在这样的环境之下，隆兴元年（1163年），朱熹辞官回到家乡，一头钻进了学术研究之中。他在这段时间编写了大量的理学书籍，并从事讲学活动，教授了大量弟子。由于眼见朝廷的软弱，后来朱熹虽然多次受到朝廷的召唤，也曾屡次担任官职，但都官职不大，任期也不长。并且即使为官，朱熹也未曾脱离自己的学者身份。他在任上建立了中国四大书院之一的"白鹿洞书院"；在武夷山修建"武夷精舍"，广招门徒，传播理学；主持修复了岳麓书院。《朱子语类》中记载，曾有人对朱熹说:"前年侍坐,闻先生云'天下无不可为之事,兵随将转,将逐符行',今乃谓不可为。"对此,朱熹回答道:"便是这符不在自家手里。"此人曾经听过朱熹讲学,那时听到他说天下没有做不到的事,只要时机到来,其实现就会如同兵将都随着手握兵符的人行事一样自然。而对于此人的这种复述,朱熹以自嘲的口吻说,这兵符现在不在我手中啊。这便是说,自己心中有关道义的梦想,并未遇到合适的时机去实现,而自己也无力去把握这样的"命",因此只有修身养性、默默等待。

但这样默然的失意,在朱熹的一生中还算是小事。理学初创之时,对朝野和民众影响都不深,因此朱熹为了推广其发展可谓尽心竭力。正当此时,他却因为耿直敢言而得罪了当朝权臣,致使理学被污蔑和打压。南宋淳熙八年(1181年),浙江地区遭遇饥荒,当朝宰相王淮举荐朱熹赴浙江灾区赈济灾民。朱熹到任之后,多次微服走访灾区民众,调查灾区的具体民情以及贪官污吏徇私枉法的实证,并借此弹劾了一批大贪官和囤积居奇的大户地主。由于不徇私情,朱熹的弹劾牵连了宰相王淮等人的利益,于是王淮派人上书抨击理学,将其斥为"伪学",并使得朱熹被解职。尽管此后随着王淮被罢免,理学曾有过一段时间的复兴,但在庆元元年(1195年)时,权臣韩侂胄因为朱熹曾经参与弹劾自己的活动,又一次大力抨击理学。第二年,韩侂胄的党羽之一叶翥上书要求彻底毁掉全部有关理学传播的书籍,且在科举考试中不录取答卷涉及理学的人士。监察御史沈继祖也乘机指控朱熹十项罪名,请求将其斩首。尽管最终朱熹没有死于这场祸乱,但理学发展的势头彻底停滞,并被官方认作"伪学",朱熹也被斥为"伪师",其学生们都被斥为"伪徒"。这场祸乱之后,不少人劝朱熹散掉学徒,关门闭户来躲避风头。而朱熹却说:"祸福之来,命也。""今为避祸之说者,固出于相爱,然得某壁立万仞,岂不益为吾道之光。""命"对他来说不仅仅是一个研究对象,更是自身也必须面对的存在。当遭遇"命"的壁垒之时,朱熹从未选择逃避,而是永远抬着头颅坦然面对。劝说者的好意自然心领并感激,但祸福终究是命中注定的,无可逃避,也不愿逃避。庆元六年(1200年)三月初九,朱熹在故乡建阳的家中去世,享年七十一岁。临死之时,他还在修改自己的《大学诚意章》。可见无论经历了怎样的困境,他都仍未放弃对心中道义的坚守和追求,也从未放弃对理学的推广和传播。

朱熹上承孔孟、《中庸》等理论资源和程颐等理学先驱的观点,在构建以"理"为本体的哲学体系的基础上,从道德、心性的层面去探讨"命"的内涵,从而系统地完成了自己的"命"论。这种"命"论,一方面从"天命谓性"的讨论出发,沟通了天人,使得宇宙论和心性论从"命"的层面上结合在一起。另一方面,指出了"理命"与"气命"、"所禀"与"所值"的区分与联系,解决了很多过去儒学之中含糊不清的问题,在体现"理命"与"气命"、"所禀"与"所值"之间互动张力的同时,使人勇于迎接"命"的洗礼。由此,再从道德角度上强调正命与非正命的区别,并要求人们追求正命、远离非正命,以此"穷理尽性而至于命",并衍生出"知命"、"致命"、"改命"的三部曲。朱熹借着这样的系统"命"论,详细解释了"命"的来源、依据、分类,以及以"尽人事"为核心的功夫修养论。[1]这样一来,人便不再是单纯被动地接受"命"了。在某种程度上,"命"对君子来说是提升道德修养的机遇,它可以磨砺人的意志,使人完成由现实向理想的跨越。

1 / 王学群:《朱熹对命的思考》,《湖南大学学报(社会科学版)》,2013年7月第27卷第4期,第26页。

第十一章
"此心光明，夫复何言"——王守仁之"命"

朱熹所创立的理学，尽管在当时受到了官方的打压，没有能够真正发扬光大，但我们都知道，理学最终在明代被朝廷认可，成为科举取士的标杆。由此，为了踏上仕途，诸多学子竞相学习理学思想，朱熹的著作成为那个时代知识分子自幼及长都在钻研的教科书。或许朱熹能够预想到理学被接受、被发扬的这一天。但如果知道自己生前被斥为"伪师"，死后又被尊为圣人，还与孔孟一起被祭祀，这样的境况或许也会令他感到讽刺吧。理学思想的这种垄断性地位持续了相当长的时间。但任何思想体系都不可能是完美无缺、毫无漏洞的。时代的车轮在向前滚动，社会现实正在不断地发生变化，思想自然也应该随之逐渐演进、自我完善。理学体系尽管精密，但由于成为垄断性的、不可置疑的科举考试标准而慢慢变得固化，其自我完善的路径几乎被切断了。因此，理学渐渐变成对知识分子思想意识的某种桎梏，对此产生质疑的学者也渐渐涌现。而在对理学的质疑声中脱颖而出，基于此种质疑建立起新的儒学体系的思想家，便是王守仁。我们都知道，王守仁的学说被称为"心学",他以"心"这个概念作为整个思想体系的核心。而"心学"的产生并不始于王守仁。在朱熹所生活的年代,学者陆九渊便已经提出了"心学"的概念,并就此与朱熹展开了论战,这促成了中国思想史上著名的"鹅湖之会",也成就了朱熹和陆九渊之间的友谊。陆九渊的思想在当时虽未成为主流,但却为"心学"思想体系奠定了简要的框架。这个框架日后也成为王守仁"心学"的重要思想素材。

王守仁的"心学"之中,也有着"命"论的部分。应该说,这一部分思想的核心在于"俟命"。"俟命"这个说法的来源,是《中庸》之中的"君子居易以俟命,小人行险以徼幸"。此句的意思是,一个真正的君子无论面对着怎样富贵、贫贱、平顺、艰难的境况,都应该保持心态的平和、坚守自身的道义,而不应该像很多小人一样,一旦面对困难就像墙头草一样随风变节。而对于"俟命",王守仁与朱熹有着不太一致的看法。前者认为"俟命"是"初学立心之始",是初学者踏入自我提升之门的第一步;而后者却正好相反,认为"俟命"是一种很高的境界,是在自我提升达到相当程度的时候才有可能迈入的。这种与朱熹相异的有关"俟命"的观点,以及对《大学》之中"格物致知"的特殊认知,体现了王守仁"心学"对"命"的特殊解读。而这种解读与王守仁一生独特的经历有着直接的关系。

一、"俟命"之辩

朱熹所创立的理学,其最为基本的命题便是"格物致知",这一点也是一个人学习和自我提升的最基本路径。"格物致知"中的"格",意思是"至"。也就是说,所谓的"格物致知"就是指尽可能地接近事物的本质、穷究其内在蕴含的道理。我们上文中提到过,朱熹认为任何一个具体事物之中都蕴含着一个天理的映像,如果能够真正认知到这些"理"之映像的本质,就能够渐渐接近"理"本身。因此在朱熹眼中"事事物物皆有个道理,穷得十分尽,方是格物"[1],"须穷极事物之理到尽处,便有一个是,一个非,是底便行,非底便不行"。这里便存在着一个朱熹思维上的特点,便是认为要先认知到某种知识,才能够按照知识去找到应然的态度和方法。在"命"论的方面也是同样,朱熹认为必须先做到"知命",然后才能"俟命"。"命"也是生命中客观存在的事物之一,因此要"知命",便必须对其做好"格物致知"的功夫,穷究"命"之中的道理。那么怎样才能算是彻底认知了"命"中的道理呢?朱熹举例说:"譬之于水,人皆知其为水,圣人则知其发源处。"也就是说,知晓到"命"的源头与依据时,便算是彻底地"知命"了。由此,才能够达到"俟命"的境界。王守仁曾经站在自己思想体系的角度上,对朱熹的这种思路有过一个概括:"以尽心、知性、知天为物格知致,以

[1] (南宋)朱熹:《朱子语类》,中华书局,1986年。本章所引《朱子语类》原文皆据此版本。

存心、养性、事天为诚意、正心、修身,以夭寿不贰、修身以俟为知至仁尽、圣人之事。"[1] 由此可以发现,王学和朱学在修养阶段的先后以及对某些概念的认知上都是错位的。朱熹将"格物致知"之中的"知"解释为"知识",而王守仁却认为此处的"知"应该意为"良知"的"知"。由此,在王守仁看来,朱熹的"格物致知"学说是在向自身之外的外物寻求"理",认为"理"存在于自身之外的一系列事物之中。徐爱曾经针对这一问题向王守仁提问:"朱子以为'事事物物皆有定理',似与先生之说相戾。"对此,王守仁回答说,朱熹向外部世界去寻求至理的思路有着失误,这其实是将至善之理当成外在的东西了。而在王守仁看来,"理"和至善只能存在于人的内心之中,因此用不着向外在世界去寻求。王守仁指出:"身之主宰便是心;心之所发便是意;意之本体便是知;意之所在便是物。如意在于事亲,即事亲便是一物;意在于事君,即事君便是一物;意在于仁民爱物,即仁民爱物便是一物;意在于视听言动,即视听言动便是一物。"在这样的"心学"思想架构里,自身之"心"以外"无物"、"无事"、"无理"。这里所谓的"物",也与朱熹理解的客观存在的外在事物不同,是指自身的"意之所在",即自身的认知和意念在客观外在世界之中的展现。因此,"诚意"便是一个非常重要的事情了。一个人的"意"是不是"诚",在心学体系中直接关系着这种"意"所展现出的"物"是不是"格"。此处的"格"仍旧和朱

---

[1] (明)王守仁:《王阳明全集》,上海古籍出版社,1992年。本章所引《王阳明全集》原文皆据此版本。

第十一章 "此心光明，夫复何言"——王守仁之"命"

熹的解释一致，是"至"的意思。由此，"格物致知"便不再是去考察、穷究外在事物中蕴含的"理"，而是经过"正心"、"诚意"的修养功夫，扩充自身原本就存在的"良知"，使得自身的"意"所展现的一切"物"都合于天理，最终"物格知至"。所谓的"物格知至"，也不再是指朱熹所认知的通晓一切事物之中所蕴含的"理"，而是指自身"良知"的发扬与流行。王守仁认为"良知之外，别无知识"。人的"心"虽然本身便具有"良知"，但绝大多数人的"心"却由于种种私欲和杂念的障碍而远离了"良知"。因此必须以"格物致知之功"去排除杂念，使得"良知"得以彰显。而所谓的"格物致知之功"，就是前面所说"诚意"，即"去其心之不正，以全其本体之正"。(《王阳明全集》)

在对"格物致知"理解相异的基础之上，王守仁在对"命"的认知上也表现出与朱熹相当大的差异。朱熹把"知命"作为理学初学者的入门课程，认为"知命"之后才能进一步提升自我的道德修养，"俟命"则是这之后的事。而王守仁的看法则完全相反。在他看来："夫尽心、知性、知天者，生知安行，圣人之事也；存心、养性、事天者，学知利行，贤人之事也；夭寿不贰，修身以俟者，困知勉行，学者之事也。"也就是说，王守仁认为，立志提升自身道德修养的人可以划分为三类：一类是"学者"，这类人仍旧在为自身的困顿处境和生命的长短等问题困惑痛苦，他们应该做的事情是"修身以俟"；下一类是"贤人"，这类人已经放下了对具体环境的执着，正在"存心、养性"、"事天"；最后一类则是"圣人",他们已经迈入了道德修养极高的境界,能够"尽心、知性、知天"了。由此对照来看,"知命"与"知天"有着紧密的联系,因此应该属于"圣人"才能做到的范畴;而"俟命"则是"学者"的目标,其"修身以俟"的意思,事实上就是"俟命"。因为在王守仁看来,初学者根本无法做到"知命",也不可能进境到"良知"发扬流行的状态。这是由于这些初学者多数资质都在中等,在平日生活中早已被私欲和利益蒙蔽了心中原本的"良知"。曾有人质疑他的这种做法:"'中人以下不可以语上',愚的人与之语上尚且不进,况不与之语,可乎?"王守仁回答:"不是圣人终不与语。圣人的心,忧不得人人都做圣人。只是人的资质不同,施教不可躐等。中人以下的人,便与他说性说命,他也不省得,也须慢慢琢磨他起来。"质疑者认为,对于这些原本素质便愚钝的人,如果再不好好教他们真正的知识和修养途径,岂不是更加不可救药了吗?但在王守仁看来,一开始向这些初学者灌输"性"、"命"这一系列的概念和哲理是非常不人性化的,并且初学者也根本无法理解这些东西。只有循序渐进地一点点促进他们的自我思考,才能够逐渐打开"良知",引导他们慢慢走上正轨。他认为这种学习顺序上的错误导致的迷茫,便是朱熹理学造成的最严重后果:"今以尽心、知性、知天为格物致知,使初学之士尚未能不贰其心者,而遽责之以圣人生知安行之事,如捕风捉影,茫然莫知所措其心,几何而不至于率天下而路也! 今世致知格物之弊,亦居然可见矣。"

第十一章
"此心光明,夫复何言"——王守仁之"命"

作为心学初学者入门的"俟命",究竟是指什么意思呢?王守仁认为,所谓的"俟命"就是立下一个志愿,强迫自己向善去恶:"俟命便是……初学立心之始,有个困勉的意在。""只将此学字头脑处指掇得透彻,使人洞然知得是自己生身立命之原,不假外求,如木之有根,畅茂条达,自有所不容已,则所谓悦乐不愠者,皆不待言而喻。"人生来天赋就有所不同。有的人能够"生知",即生下来便自然而然知晓向善去恶;有的人是"学知",即通过阅读和学习便能够悟到向善去恶的道理;而绝大多数人都是"困知",也就是只有在经历过困境,心智上遭受了磨砺之后,才能够从艰难困苦中悟得道理。"俟命"便是一种"困知",是要求人们在现实生活的种种困顿和不顺之中,通过不逃避和坚守道义的行动,来一点一滴慢慢地理解"天命",理解自己应当去走的路。因此,朱熹所认为的"知"是指"知识",提倡的道路是"学知",令人们从书本上获得知识,从而走上正轨;王守仁的"知"则是指"良知",它不能仅仅停留在书本上,而是必须以"困知"的形式在现实生活中开展。在王守仁眼中,"俟命"是在现实世界的残酷痛苦之中"夭寿不贰其心",只有让人真正相信命运是无可逃避、不能更改的,才会使人不再心存侥幸而改节易行。对此王守仁曾说:"学者一心为善,不可以穷通夭寿之故,便把为善的心变动了,只去修身以俟命;见得穷通寿夭有个命在,我亦不必以此动心。"这就是所谓"俟命"的真相。

二、"俟命"在心学之中的位置

王守仁学说体系中的许多命题,都与"俟命"有着一定的联系。这些联系在王守仁与其门人,以及与顾东桥、罗钦顺等学者有关"知行合一"和"致良知"的探讨之中,被逐渐抽丝剥茧地辨析出来。王守仁便是在不断向门人、学友们阐发自己与朱熹不甚相同的"俟命"说的同时,不断强调着从自身生命经历和体验中发挥"良知"、实践"知行合一"的重要性,并教导门人去做"俟命"的困知功夫的。

与其他几种"知命"的方法相比,"俟命"和"困知"有着很强的现实性,是王守仁"知行合一"之学的重要补充内容。由此出发,以朱熹为代表的向外求取知识,而忽略了反求诸己的学说,都被王守仁视为犯了"务外遗内"的错误。他对此进行了相当直率而痛快的批判,认为朱熹等人"慨然悲伤,搜猎先圣王之典章法制,而掇拾修补于煨烬之余……于是乎有训诂之学,而传之以为名;有记诵之学,而言之以为博;有词章之学,而侈之以为丽……相矜以知,相轧以势,相争以利,相高以技能,相取以声誉"。在王守仁看来,由朱熹发扬光大的"格物致知"学说使得广大知识分子在学问上都停留在了外物表象的层面上,以至于终生都在认知这些虚像的过程中迷茫不已,反而对真正的重要之处和自己的现实生命毫无体认。而在这样的广泛错误之下提出"知行合一"的理念,就是要让世人的注意力从对外在事物的虚幻追求转为对自身内在生命的真实体认上来。王守仁认为，一般意义上的"知"和"行"并不算是真正的"知行"，也就是说并非"知行"的本来面目。他曾在回答弟子的疑问时说："见好色属知，好好色属行。只见那好色时已自好了，不是见了后又立个心去好。闻恶臭属知，恶恶臭属行。只闻那恶臭时已自恶了，不是闻了后别立个心去恶……又如知痛，必已自痛了方知痛；知寒，必已自寒了；知饥，必已自饥了：知行如何分得开？此便是知行的本体，不曾有私意隔断的。圣人教人，必要是如此，方可谓之知。不然，只是不曾知。""知"和"行"并非分裂的两个环节，并非像人们通常所认知的那样，必须要先有对某个事物的认识，才能够基于这种认识来选择针对这个事物的行动。"知"和"行"本质上就是同一个环节，是相互重合的。当一种"知"产生的时候，人必定是已经产生了某种"行"；当一种"行"产生的时候，人也必定是已经产生了某种"知"。这里的"行"，不再是事实的行为，而更接近于某种生命的体感；王守仁所谓的"知"，也不纯粹是理性思考和逻辑思辨，而是更接近于与生命实践紧密结合之后产生的生命情感。这种情感由"良知"生发出来，"知"和"行"二者在这里合为一体。这种"知行合一"的状态，显然只有通过与现实生活紧密结合的"困知"和"俟命"才能够真正得以达成。

"良知"之学与"俟命"也有着比较紧密的关系，"俟命"是良知开展的必要条件之一。王守仁认为，"良知"与其他由外在见闻、学习而来的知识和道理有所不同,它是不断体认自我生命和现实生活的成果结晶。他在讲述自己"致良知"的经历时说:"某于良知之说,从百死千难中得来,非是容易见得到此。此本是学者究竟话头,可惜此理沦埋已久。学者苦于闻见障蔽,无入头处,不得已与人一口说尽。但恐学者得之容易,只把作一种光景玩弄,孤负此知耳。"也就是说,如果缺失了在现实困境之中的"俟命"功夫,那么"良知"即使原本就存在于心中,也很有可能被重重现实的纱帐蒙蔽,更何况那时的学者们受到程朱理学的洗礼已久,多数都被不断追求外物的理论所误。而"俟命"就意味着安于自身富贵贫贱、悲喜祸福的命运,并在其中学习到天理的本质。这既是一种"困知"的功夫,也是"良知"的展开和发扬。王守仁对此曾解释道:"如发现于事亲时,就在事亲上学存此天理;发现于事君时,就在事君上学存此天理;发现于处富贵贫贱时,就在处富贵贫贱上学存此天理;发现于处患难夷狄时,就在处患难夷狄上学存此天理;至于作止语默,无处不然,随他发现处,即就那上面学个存天理。""致良知"的路径也不是向外界去寻求真知,而是将真知与道德实践联系在一起,在现实生活的困境中获得对天命的体认。在王守仁的思想架构之中,"良知"既是宇宙的本源太虚,也是从天命降临到人生命之中的本性。因此,"致良知"的过程与认知太虚之体的过程是相互重合的。对此,王守仁讲道:"故凡有道之士,其于慕富贵,忧贫贱,欣戚得丧而取舍爱憎也,若洗目中之尘而拔耳中之楔。其于富贵、贫贱、得丧、爱憎之相，值若飘风浮霭之往来变化于太虚，而太虚之体，固常廓然其无碍也。""俟命"的唯一标准是"义"，"俟命"的本质就是安于"义"，而安于"义"本质上也就是"致良知"。在信中与欧阳德相互问答时，王守仁像朱熹一样将"义"解释为"宜"："义者宜也。心得其宜之谓义。能致良知，则心得其宜矣，故集义亦只是致良知。君子之酬酢万变，当行则行，当止则止，当生则生，当死则死，斟酌调停，无非是致其良知，以求自慊而已。故君子素其位而行，思不出其位，凡谋其力之所不及而强其知之所不能者，皆不得为致良知；而凡劳其筋骨，饿其体肤，空乏其身，行拂乱其所为，动心忍性以增益其所不能者，皆所以致其良知也。"也就是说，无论面临着怎样的生死之难、劳乏之苦，自身的行为都应该用"义"作为衡量的标尺，只有坚持这样衡量自己，才能够最终挖掘出自身的"良知"。反过来，人如果不以"义"作为衡量行为的标尺，而是一直以他人的言论评判、得失利益等因素来衡量自己的话，便会永远体验不到"良知"的存在，也永远不能真正挖掘出自身的"良知"。因此，一个人最终能否"致良知"，关键在于能否真正做到"俟命"。

三、王守仁的"俟命"之路

王守仁关于"俟命"的一切学说，都是从他自身生活经历和生命实践之中产生的，也是随着其年龄的增长而逐渐展开和丰富起来的。王守仁早年聪慧,并一直坚信着朱熹的"格物致知"学说,除了遍读程朱理学的著作之外,还与大量僧道探讨学问,并亲自做了中国哲学史上著名的"格竹"实践。正是这次"格竹"事件,使得王守仁发现外在的知识与儒学所提倡的性命之理之间并没有必然的联系,从而对朱熹的学说产生了怀疑。但他一直以来也仍旧没能找到除此之外其他可走的道路。这样的状态一直持续着,直到抵达龙场之前,王守仁仍旧在感叹自己"于孔子之教间相出入,而措之日用,往往阙漏无归。依违往返,且信且疑"。而后,在正德元年(1506年),王守仁迎来了生命中的转折,他在为同僚打抱不平的同时得罪了当权太监刘瑾,先是入狱,继而被贬到偏远的贵州龙场。这次人生转折,使得王守仁的注意力从摄取外在知识转向了对自身命运的关注和体感,也让他不再沿着朱熹的格致之路前进了。王守仁在狱中写下了大量的诗,这些诗句中充满了"悲""苦""忧""愁""叹""泪"等字眼,例如"天寒岁云暮,冰雪关河迥。幽室魑魅生,不寐知夜永。惊风起林木,骤若波浪汹。我心良匪石,讵为戚欣动!""岂无白日?寤寐永叹!心之忧矣,匪家匪室。或其启矣,殄予匪恤",等等。这些诗句是这个阶段的王守仁在生命困境之中挣扎不已的写照。在这种处境之中,王守仁似乎感受到了天命的存在。在他的诗中有:"逝者不可及,来者犹可望。盈虚有天运,叹息何能忘!"而这些诗句和对天命的认知,也成为他在狱中唯一的解忧方法。

当然,这时的王守仁离真正认识天命还差得很远,他的狱中作品中也流露出相当多消极避世的想法,例如"溪鹤洞猿尔无恙,春江归棹吾相将"、"留得升平双眼在,且应蓑笠卧沧洲"。后来,王守仁在被贬而赴贵州龙场上任的途中,又遭到了仍旧怀恨在心的刘瑾的追杀。为了逃避追杀,王守仁放出流言说自己已经投水自尽,偷偷逃回了老家,后来又乘商船出海避难,但因为遇到了飓风,流落到了福建境内。在这一系列的事情之后,王守仁曾经决心彻底逃走,但一位僧人劝他,说你的父母还都在世,万一你逃走了,刘瑾将对你的怒气发泄在你的父母身上,可怎么办呢?听了这番话,原本想要彻底逃离世俗的王守仁幡然醒悟了。而面对完全不可预测的未来,他表现出了相当坚定的决心和勇气,选择了坚守正道,不向权贵低头,用对父母的孝心和对国家的忠诚去直面命运所赋予的困境。

于是,王守仁千里迢迢赶到龙场驿上任了。龙场地处贵阳西北的山峦叠嶂之中,毒虫遍布,极为偏远荒蛮。在王守仁的记载中,自己与当地人甚至语言不通,能对话的人都是中原来此的亡命之徒和罪犯。刚刚来此时没有像样的居处,王守仁只好暂时住在山洞之中,每天亲自砍柴烹煮,甚至有时要靠野菜充饥。由于水土不服,几位随从都先后生病,王守仁亲自端水做饭照顾他们。除此之外,"盖瘴疠蛊毒之与处,魑魅魍魉之与游,日有三死焉"[1]。但此时的王守仁已经不再试图逃避,而是坚定了严守道义的决心,并决定以此静静等待生命中可能发生的种种。如年谱中记载,他

[1] (明)王守仁:《王阳明全集》,第802页。

此时"自计得失荣辱皆能超脱,惟生死一念尚觉未化,乃为石墎自誓曰:'吾惟俟命而已!'"正是这种"俟命"的决心和心态,最终使得王守仁等来了悟道的那一天。年谱中对于这一过程有着很详细的记述:"(王守仁)日夜端居澄默,以求静一;久之,胸中洒洒。而从者皆病,自析薪取水作糜饲之;又恐其怀抑郁,则与歌诗;又不悦,复调越曲,杂以诙笑,始能忘其为疾病夷狄患难也。因念:'圣人处此,更有何道?'忽中夜大悟格物致知之旨,寤寐中若有人语之者,不觉呼跃,从者皆惊。"[1]这段记述确实是有些夸张了,可能是后人对圣人悟道一幕的夸张想象;但王守仁由困苦之中对"格物致知"之学产生了全新的理解,这是事实。在"龙场悟道"一幕中,王守仁完成了自己"俟命"的体认,开启了创立新的儒学和新的修养之路的大门。

此后相继发生的"宁王之乱"和"忠泰之变",使得王守仁沿着自己所开辟的道路继续前进,并最终达到了彻悟。正德十四年(1519年),宁王发动叛乱,占据南康,围攻安庆,明朝的东南地区陷入危险之中。王守仁身处此处,决心在朝廷的援军赶到之前与宁王殊死一搏。战斗开始之前,他给父亲写了一封信,信中表达了必死的决心:"男之欲归已非一日,急急图此已两年,今竟陷身于难。人臣之义至此,岂复容苟逃幸脱!惟俟命师之至,然后敢申前恳。俟事势稍定,然后敢决意驰归尔。伏望大人陪万保爱,诸弟必能勉尽孝养,且暮切勿以不孝男为念。天苟悯男一念血诚,得全

---

[1]/(明)王守仁:《王阳明全集》,第1228页。

首领,归拜膝下,当必有日矣。"[1]最终,宁王叛乱被镇压下去,王守仁在此役中功劳赫赫。但好景不长,一场更加严重的祸事又发生了。在武宗率援军南下的过程中,掌权太监张忠、许泰向武宗进了谗言,说王守仁拥兵必反,武宗听信了谗言。此时王守仁的亲信和弟子冀元亨已经被诬陷入狱,形势十分危急。面对这样的谣言中伤和人心浮动,王守仁非常平静地对弟子们说:"公等何不讲学,吾昔在省城,处权竖,祸在目前,吾亦帖然;纵有大变,亦避不得。吾所以不轻动者,亦有深虑焉耳。"[2]这正是王守仁的"俟命之学",面临祸患之时,仍旧教导学生们坚守仁义,与自己一起不避危险、直面患难。而此后,王守仁"益信良知真足以忘患难,出生死"[3],在龙场对自己所悟的道理进行了进一步的发展,使得最终展开了自己的"致良知"之教。这种学说的出现,也标志着王守仁从"俟命之学"进展到了"知命之学",并基本上完成了自己的学说体系。[4]

有不少人说,王守仁度过了中国历史甚至世界历史上都难得一见的完美人生。他不仅仅在学术的世界里构建起自己独有的学说,并且将这种学说发展得极其壮大,乃至在日本等地区都拥有广大的接受群体;还真正在现实生活和官场上建功立业,成为那个时代少有的、文武双全的官员和军事将领;并且最终在平静逝世

---

[1] /(明)王守仁:《王阳明全集》,第985页。

[2] /(明)王守仁:《王阳明全集》,第1274页。

[3] /(明)王守仁:《王阳明全集》,第1278页。

[4] / 王胜军:《论王阳明的俟命之学》,《贵阳学院学报(社会科学版)》,2013年第6期,第24页。

之前，能够留下"此心光明，亦复何言"的磊落遗训。可以说，王守仁完成了许多人梦寐以求的一生，在各个领域都留下了光辉灿烂的笔迹。而这样丰富而磊落的人生，一方面是他所创立的学说的现实来源，另一方面也是他的学说所成就的结果。王守仁的"俟命"之学，继承了孔孟以来儒学的优良传统，在批判朱熹理学弊端的基础上，也吸收了理学相当多的思想成果。这样兼容并蓄的理论体系，和其中所展现出的面对人生困境的大无畏精神，永远值得人们学习和借鉴。

第十二章
中国算命术的辨析和批判

"命"在诸多哲学家的思想中都有各具特色的独特诠释，但哲学家们的诠释并不是"命"观念在中国历史之中的全部。事实上，"命"还有着非常世俗、非常贴近人民生活的一面，它并不只是与哲学家和书斋有关，也与现实生活中的每一个真实的人发生着紧密的联系。在世俗世界之中，"命"的含义与哲学家、思想家理论中的意义不尽相同。在唐宋及以后时代的多数中国哲学家的思想体系里，"命"早已摆脱了远古时代的天命崇拜含义，也早已摆脱了宿命论的影子，演化成了一种面对人生中无法掌控、无可奈何之事时的态度和境界。尽管哲学家们解释"命"的由来和构成时所套用的理论林林总总，但其本质是为了提出一种面对无法改变的命运时达观、积极的心态，并鼓励人们在命运的面前挺起胸膛，展现自己人格的独立、尊严和高贵。但在世俗社会中，"命"则更多地保留了远古时代的天命崇拜含义，形成了一直以来广泛存在于人民大众之中的算命活动。算命活动也有着其独特的发展过程、理论体系、实践方式，作为一种民俗活动是值得考察和研究的。

但究其本质，算命活动带有显著的非科学性，是一种典型的迷信。在本章中，我们就来探究一下算命活动的心理逻辑，算命理论的基本构成和方法，以及算命活动的本质特征。

一、求算者的心理

算命活动是在一定的社会背景和历史条件之下才有可能流行的迷信活动，如果没有顾客，算命活动是不可能开展起来的。总体来说，求算的人基本是出于两大类心理动机：一类是想要追问已经发生的一些事情的原因，另一类是希望预测尚未发生的事情。由于每个人的身份地位、文化层次都不尽相同，具体求算的心理也有很大的差异。

1. 追究原因

这些求算者试图通过算命的方法，找到自己已经走过的人生旅程的根源。抱有这种心理的求算者，多半是在生活中遇到了过不去的坎儿，自己难以理解或难以面对。例如仕途不顺、家庭变故等等。年轻人抱有这类心理去算命的人比较少，因为多数年轻人都朝气蓬勃，时刻准备着投身理想。但人过中年之后，往往已经尝遍了人生之中的酸甜苦辣。有些人能够看得开，变得境界高远；但还是会有一些人面对许多挫折产生了逃避、恐惧，因此而变得相信宿命论，求助于算命。例如宋代的笔记中就有记载，一个叫郑绅的人,仕途上遇到了挫折。丢官之后又接连遭受生活的打击,妻子改嫁、女儿意外失踪,他变得孤单一人、一贫如洗。后来,郑绅就变成了一个笃信算命的人,每天都到相监去算命,希望能够找到自己遭受这种痛苦的原因。[1]

2. 预知未来

这是希求能够对未来先知先觉的想法,是求算者最普遍的一种心理。尤其在社会动荡之时,人们的生活得不到保障,突然变好或突然变坏的可能性都很大的时候,此类求算者也会增加。在事业和家庭上都比较顺遂的人,会害怕遭遇不幸而突然失去手中的一切;尚未成功而正在努力奋斗的人,则更希望预测自己的努力是否能够带来令人满意的结果。例如小说《金瓶梅》中写到西门庆的数次算命活动,他希望"看看今后财气"[2],就是出于这种心理。又例如婚姻问题,个人情感总是充满了不可捉摸的性质,恋爱时的甜言蜜语并不能保证婚后能够得到幸福。因此大量历史文献都记载了婚前拿婚姻双方的八字来测算,看两人是否能够相处得好的迷信民俗。总之,无论事业还是生活,人都难以完全把握一切。因此有一些人希望通过算命来预先了解自己未来的命运,以便做到趋利避害。

[1] 王玉德、林立平等:《神秘的术数——中国算命术研究与批判》,"中华神秘文化书系",南宁:广西人民出版社,1994年,第135页。

[2] 王玉德、林立平等:《神秘的术数——中国算命术研究与批判》,"中华神秘文化书系",第136页。

3. 犹豫不决

人在面临重大抉择时往往出于恐惧而犹豫不决。这种时候，有一部分人会求助于算命先生，希望能够排除疑惑、下定决心，这也是一种常见的算命心理。面临的问题越重大，犹豫的程度越深，产生这种心理的机率就会越高。宋代笔记《退斋笔录》中有这样一条记载，可以作为这类心理的佐证：宋代名臣王安石努力推进改革，但由于阻力太大而最终失败。王安石感到官场险恶，逐渐萌生了退隐的心思，并对宋神宗提出了退隐的请求。但拖了两个多月，宋神宗还是不肯明确表态准许他的请求。究竟是该退隐还是该继续留在朝廷，王安石也犹豫不决。在犹豫之中，便请来了当时比较著名的一位算命大师僧人化成来给他算命。经过化成的一番测算和指点之后，王安石放下了心中的执念，坚定了退隐离开官场的决心。[1]

4. 崇信命理

在后文中，我们将深入剖析算命术的基础和逻辑，并尽可能清晰地呈现算命术的非科学性。算命是一种迷信行为，通过算命是无法更加深入地理解自身的命运的，这一点在当代可以说是一种社会共识。但在古代社会中，确实有一部分人对命理深信不疑，这种盲目的信赖是他们去算命的原

---

[1] 王玉德、林立平等：《神秘的术数——中国算命术研究与批判》，《中华神秘文化书系》，第167页。

因。这些人是百分之百的宿命论者,在他们看来,人的一生中所遭遇、得到的一切,都是命中注定的。他们会经常说出"贫富皆由命"、"命里有时终须有,命里无时莫强求"这类古代小说开卷时经常可以看到的谚语,这就是他们信命心理的忠实写照。对这些人来说,对命运和命理的迷信可以达到极深的程度,因此算命先生的推断能够对他们的一生起到决定性的作用。例如《南唐近事》中就有记载,当时南唐的重要大臣宋齐丘,早年便是这样一个比较信赖命理学的人。在很年轻时,便有算命先生给宋齐丘算过命,说他有当大官的命,但富贵却难以长久,长期坐拥高官厚禄会导致不好的后果,因此劝他一旦位极人臣就应该早早引退,才能够得到比较好的晚年。因此,宋齐丘第一次官拜宰相之后不久便推说自己太过年轻、资历尚浅,无法服众,借口老家迁坟的事情而辞官。此后朝廷多次征召他做官,他都辞而不出。[1]

5. 怀疑心理

有些人算命时并不是完完全全对算命抱有信赖的。这些求算者怀着一种将信将疑的心理状态,有点信又有点怀疑,来算命只是试试看而已。如果算命算的准,他们就会变得信赖算命一点点;如果算得并不准,则会变得不信一点点。生活比较稳定幸福,没有遇到人生中的重大问题或大的挫折,又并没有太多科学素养的人,如果去算命,往往就是抱有这一

[1] 王玉德、林立平等:《神秘的术数——中国算命术研究与批判》,《中华神秘文化书系》,第137页。

类的心理。

6. 游戏或研究态度

抱有这一类态度去算命的人，骨子里是不相信命运，也不相信算命的。研究者即使并不相信算命，也不是宿命论者，但为了实际考察算命的流程和逻辑，也会去实际地算几次命，作为一种学习和研究的事实参考。而对于另一些人来说，算命不过是一种玩乐的方式，就像打牌、下棋一样。这些人去算命，完全是出于一种好奇，甚至是猎奇的心理。他们或许也会看一看算命术的书籍，但这类书籍对他们来说也跟武侠小说差不了多少。可以作为一种消遣，但里面的内容他们并不会相信，目的也只不过是看看算命到底是怎么回事，以及对他人求算的心理感到好奇罢了。

上述六种求算者心理基本可以概括全部求算者。当然，或许也有一些求算者怀有不止一种心理，但他们的心理一定是有所偏重的。根据每个人不同的思路和人生际遇，有些求算者尽管将信将疑，但其更多的目的是趋利避害，或是解释难题。算命活动能够折射出求算者林林总总的人生和心态。

二、算命术的基本要素和方法

中国的算命术内容众多，但总体来说都是由三种基本要素，也就是三种基本的信仰对象构成的。这些信仰都是在文明尚未真正开化的原始社会出现的,在我国的历史上是在三四千年之前。这些原始信仰都有着原始社会的特点,并带有宗教和迷信的性质。这些原始信仰在文明开化后,在贵族文化和知识分子的改造中逐渐成长为一些哲学概念和文化观念,形成中国古代的宿命论思想。在中古时期的唐朝,测算命运的方术在人民大众之中真正成型并逐渐成熟起来,这便是对古人的日常生活种政治生活影响深刻的星命术或算命术。算命术中共通的这三种原始信仰和方法包括:

1. 占星术

天上的星辰数量众多,并且不断移动着,相互之间的距离也会发生变化,这些现象在原始时代就已经被全世界各个文化圈中生活的人类注意到了。尽管各地人们所处的环境和生活条件都不一样,但人们要想生存下去,都要进行劳动。在劳动生活的过程和经验中,人们逐渐注意到星象和农业生产、航海旅行等等人事都有着密切的联系。例如星象是古代编制历法的重要参考,而历法对于指导农业生产有着非常重要的意义;在旅行时,关键的星象可以在黑夜指引方向,让旅人不致于迷路。我国古代传说之中牵牛、织女二星的故事就与星象和天文信息有着紧密的联系,并且体现了古代的农业耕作和纺织的劳动有关。在原始社会的人们看来,星象和人类之间会相互影响是非常自然的,天上一颗星,地上一个人,星与人相互对应,一颗新的星辰出现就意味着一个人的诞生，一颗星辰的陨落就意味着一个人的死亡。《三国演义》就曾描述，诸葛亮看到东方夜空有一颗大星坠落，便意识到关羽离世，就是这种观念的体现。[1]因此当时的人们相信天人相应，天人相应的理论在汉代便已经成熟。例如《吕氏春秋》中记载的春秋时代，宋国宁景公当政时出现了"荧惑守心"的天象，当时的人们认为这一天象是大祸事的预兆，且这祸事会应验在国君的身上。祭司请求宁景公准许作法，将这一祸事转移到其他人的身上，但宁景公拒绝了，认为不应由其他人来承担自己命中注定的祸事。因为宁景公的仁德，"荧惑"居然自行退避了。[2]这样的记载在史书和古代的小说笔记中经常出现，显示了在古代，星象与人相互关联相互影响的观念是非常普遍的。

通过占星而算命的方法有很多种类。主要的种类有五星术、九宫术、星禽术、紫微术等等。五星术是一种早期的占星术，也是五行观念的前身，在汉代非常流行。五星术认为金、木、水、火、土五颗星辰是星象中最重要的，它们的位置和相互作用可以决定天德、影响人事，于是人们就通过测算五星的位置来推测未来。这是当时汉代贵族们非常相信的一种术数。九宫术则是后来将五行理论和星象理论综合起来形成的占星术，用八卦宫位加上中央宫构成九个宫位，将筛选出的九个星辰与九个宫位对应起来，决定九个

---

[1] 王玉德、林立平等:《神秘的术数——中国算命术研究与批判》,《中华神秘文化书系》,第214页。

[2] 林惠祥:《算命的研究和批判》,王铭铭主编:《中国人类学评论（第20辑）》,北京:世界图书出版公司,2011年,第43页。

星辰各自的五行属性，并用五行的生克观念来推测人事吉凶。星禽术是宋代出现的一种占星术，其实就是将二十八宿的星宿、五行元素与二十八种动物结合起来，以五行生克和动物之间的刑克关系来推断星宿之间的关系，从而推测命运的一种占星方式。经过这样融合的动物就叫作星禽，其实不只是现代所说的禽类，也有很多非禽类的动物，甚至包含很多幻想之中的动物。例如角金蛟、亢火龙、房木兔、心火狐等等。紫微术是古代占星术中比较复杂的一种。"紫微"原本是中国古代天文学中划分的三垣二十八宿中的一垣，指夜空星象中正对着黄河中上游流域的那一块星区，但后来被引入算命术中，染上了迷信的色彩。紫微术的基本方法是用一个人的生辰八字信息确定其人的命宫所在，并依次列出兄弟宫、夫妻宫、子女宫、财帛宫、疾厄宫、迁移宫、交友宫、事业宫、田宅宫、福德宫、父母宫，形成这个人的命数星盘，通过观察各宫的星象组合，来推测此人的命运和人际关系。[1]

从占星术的发源和具体方法中，都可以察觉非科学的特点。从本质上来说，不管是作为占星术基础的星辰崇拜，还是认为星辰与人事能够相互影响的天人感应观念，都是我国远古时期或上古时期的思想观念，有着人类早期思想的显著特征。因此占星术显然是一种迷信。

2. 阴阳五行

五行观念是以星象观念为原型的。占星术

---

[1] 王玉德、林立平等：《神秘的术数——中国算命术研究与批判》，《中华神秘文化书系》，第218—222页。

在发展过程之中提出了最为重要的五星，即金、木、水、火、土五个星辰，并认为五星所含有的物质元素会直接对人类生活产生影响。五行这五种基本元素的概念，就源自占星术所提出的五星。五行观念是古代先民认识世界时产生的一种朴素哲学，在古代社会广泛地渗透到文化的各个方面，在医学、天文学、乐理学、物理学等领域都为先民们提供了一种认识方式。同时，它也被运用到算命中，成为算命术的核心理论之一。在这个过程中，五行的朴素哲学性质被削弱，附会上了迷信的色彩。例如，算命术中经常出现的五行生克观念，原本就来自先民们直接的生活经历、经验。在五行的相生关系中，木生火、火生土、土生金、金生水、水生木，显然原本来自人们观察到的木材燃烧、植物生长等自然现象，但在算命中就被附会上了迷信的色彩；在五行的相克关系中，木克土、土克水、水克火、火克金、金克木，显然也来自古人的生活经验，包括斧子伐木、垒土治水、引水灭火等，但在算命中也被解释为其他的内容。这种观念由于具有一定的日常生活经验基础，因此容易被人们接受，拥有很强的欺骗性。在古人看来，宇宙万物都由五行这五种元素组成，每一个事物内部的五行元素都并不平衡，一些元素的量多，另一些元素的量少，这种不平衡就构成了事物未来发展的走向。因此，人们认为五行也是人的命运的核心和关键。由此，以五行元素为核心的算命方法就诞生了。古人将阴阳五行的观念与人类生活中的大量观念对应起来，例如五行和节气、方位、气味、声音、颜色都相互联系、一一对应，并用这样的对应和联系来解释、推演人类生活中的种种问题。例如汉代的《白虎通》就用五行元素的相生相克来解释一些家庭生活的传统：儿子长大后还是留在家中生活，是因为儿子属"火"，"火"由"木"而生，失去了"木"就会熄灭消失，因此儿子不能离开生养自己的父母；而女儿长大后必须嫁到其他家庭生活，是因为女儿属"金"，"金"由"土"而生，之后就离"土"而去，因此女儿长大后应该离家。[1]

唐代之后比较成熟的五行算命术将五行观念与"气"观念融合在一起，认为人的降生是禀受了天地间的"气"，"气"中便包含着五行元素，五行之气决定着人生的遭际和走向。每一个人的人生都有所不同，是由于各人出生的具体时间以及降生时的具体环境所含的五行元素数量都不同，造成每个人所接受的五行元素数量也不同。由这种理论出发，想要测算一个人人生命运的好坏，只要了解此人出生的具体年月日时，推算当时环境所包含五行元素的多少就可以了。如果一个人的人生命运有比较明显的缺憾，还可以采取一些后天的手段来进行补足。例如鲁迅在《故乡》中所叙述的一个叫"闰土"的农民，就是因为出生时进行了阴阳五行的测算，认为他出生时"五行缺土"，因此便专门取了"闰土"这个名字，用来补足命中所缺的"土"。此类测算在古代社会中还是比较普遍的，算得上是一种深入人心的迷信传统。

---

[1] 林惠祥著：《算命的研究和批判》，王铭铭主编：《中国人类学评论（第20辑）》，第44—45页。

3. 生肖

中国算命术内容中，除了元素崇拜和星象崇拜两种主要的原始信仰之外，还有第三种比较次要的原始信仰，那就是动物崇拜。这种崇拜也一样发源自原始社会，因为当时，动物与人类的生活有非常密切的关系。很多凶恶的动物会严重威胁人的生命，人类对它们抱有畏惧，因此对它们表示屈服，继而开始崇拜它们；有些动物与人有着比较亲密的关系，对人的生活有所帮助，便也受到了崇拜；还有一些是动物与人类的食品来源有关，因此受到崇拜。动物崇拜在原始社会非常兴盛，虽然在后世逐渐衰落，但仍旧在民间信仰之中留下了痕迹。例如，在算命术中广泛存在的生肖观念，便是原始动物崇拜的残留。后来，算命术将十二生肖和十二地支一一对应了起来。由于天干地支被用来纪年，因此某一年出生的人便有了某种动物属相，继而这个人便被认为带有那一种生肖动物的性质。并从中衍生出一系列有所助益或有所刑克的观念。例如虎是强大又令人恐惧的动物，属虎的人便被认为带有虎的杀气，只有属龙的人可以压制住属虎的人；羊是温和又弱小的动物，属羊的人便被认为比较柔弱，难以保护自己，多半会命苦；属犬、牛、羊的人容易被属虎的人所伤害，等等。[1] 动物崇拜在中国的算命术中是一种次要的理论形式，因为它较少被单独使用，更多的是算命先生将生肖转化成地支和五行，用五行

---

[1] 林惠祥：《算命的研究和批判》，《中国人类学评论（第20辑）》，第46页。

之间的生克关系来给人算命。例如刑克观念中认为属猪的人克属蛇的人，就是因为亥属水、巳属火，水克火，所以亥猪克巳蛇。[1] 地支是来自天文、星象学的内容，而五行是中国算命术的最重要理论部分。因此，生肖算命本质上还是依靠占星和五行理论来进行的。生肖、地支和五行元素的对应关系如下图：

[2]

五行	水		木		火		土				金	
地支	亥	子	寅	卯	巳	午	丑	辰	未	戌	申	酉
生肖	猪	鼠	虎	兔	蛇	马	牛	龙	羊	犬	猴	鸡

综上所述，这三种信仰或崇拜都是很久很久以前在文明尚未开化的原始社会产生和兴盛的意识形态，在现代看来完全是非科学的。以这些非科学要素为基础的算命术，自然也表现出典型的非科学的特点，是一种在古代广为流行的迷信现象。当然，除了单独使用占星术、五行观念和动物崇拜来算命之外，更多的算命术是融合了三种因素，将它们混杂起来使用的。例如在古代底层社会非常流行的看相等，就是这种综合性质的算命术。

1 / 王玉德、林立平等：《神秘的术数——中国算命术研究与批判》，《中华神秘文化书系》，第210页。

2 / 王玉德、林立平等：《神秘的术数——中国算命术研究与批判》，《中华神秘文化书系》，第210页。

三、算命术的内在逻辑

通过对算命术内在逻辑的考察，我们大致可以将其分为三种：

1. 类似律

原始社会的人类心智尚未彻底成熟，他们往往将宇宙万物融合起来作为一个混沌的、相互影响的整体来看待，无法清楚地分辨实在与幻想、生物和无机物，也不能清晰地将人类社会和自然界事物区分开来。不仅是中国古人，基本上全世界的古代人类都倾向于认为表面上相似的事物也必定在本质上相通，并可以相互影响。这种观念在人类学上被称为象征律或类似律，它在算命术上有着非常广泛的应用，也可以说是原始社会意识在后来时代和文化中的残留。例如中国算命术中，人们往往把五行观念与一些有相似性的元素相配合，认为它们相互象征、相互联系，还有着相生相克的关系。五行元素与东、西、南、北、中五个方位相对，并配以五种象征性的动物，每种动物还有着象征性的颜色，即属木的东方苍龙、属火的南方朱雀等，就是典型的类似律表现。这种类似律进一步延展开来，就有了算命术中更加附会的一些相应和联系。例如一些算命书籍将五行元素和人的具体长相、体态、人格等联系起来，认为金命的人容貌清秀温润、体态端正，性格上非常讲义气，遇到土命的人作伴人生就会更加顺遂；木命的人往往身材瘦长、体态昂扬，性格比较仁爱；水命的人眼睛有神、眉毛浓重、非常聪明，性格上机灵多变；火命的人往往下巴比较尖，脸色深或发红，脾气比较急，又特别注重礼节；土命的人往往脸圆而泛黄，身材也比较肥大，特别讲究诚信。[1]考察算命术的具体内容可知，算命术中的绝大多数观念，都有着类似律的影子。

2. 演绎法

在星象、五行、动物崇拜三大基本元素之上，算命术又通过类似律得到了一个数学公式一样的逻辑大前提。由这些基本元素和逻辑路径出发，人们就可以将具体人、事的信息代入，进行具体的演绎，并得出最后的结论了。算命先生算命的这个过程其实就像学生做数学作业一样，在老师所教的公式的前提下代入具体的数值，然后严谨地一步一步推算，即可得出结论。在没有其他因素干扰的情况下，多个算命先生按照同样的规则对同一个人或事进行推算，所得出的结果应该大同小异。例如在历史记载的看相算命的过程中，算命先生得出结论的过程绝不是在随便胡说，而是有着一定理论依据的，当然这理论依据是否真的可信，算命先生就不管了。看相的主要依据人先天性遗传的外部特征：头的形状、脸的形状、五官的形态特征、毛发的状态、肤色、手的形状、手掌纹路的形态等，但做出预测和断言的根据多半还是五行的相生相克、八卦的互生互演等内容。算命术认为人体的先天性形态特征能够体现其人命运中五行、

[1] 王玉德、林立平等：《神秘的术数——中国算命术研究与批判》，《中华神秘文化书系》，第200页。

八卦的含量和影响，因此与人的贵贱贫富、吉凶祸福等人生遭际直接相关，甚至连一个人的家庭状况、人际关系都可以判断出来。它内在的逻辑仍然是：人的命运是先天注定的。而哪一个先天特征对应什么样的五行、八卦元素，这些元素又可以被解释为什么样的命运，都是明明白白写在书上的，算命先生的工作并没有太多的独创性，更多的只是依照既定的流程进行推演，并将结果粉饰一番交给顾客而已。

由此可见，算命术的几大重要组成部分包括三种原始崇拜、类似律和演绎法。除了演绎法，其他的组成部分全部都是原始社会文化观念的残留，具有典型的非科学因素。以此为基础来进行演绎，必定也会得出非科学的结果。由此建立起来的算命术理论，本质上自然也是非科学的。

3. 随机应变

由于算命术理论是非科学的，应用这套理论来真正算命的话，多半并不能得到准确的结果。算命先生按照自己学到的算命术理论来算命，一定是有时候能算得准，但更多的时候并不能算准。但算命先生也是要生活的，如果算不准的情况太多，就不会再有人来找他算命了，这样一来算命先生怎么做生意呢？所以，算命先生不能单纯只掌握算命术的理论和具体推演方法，还必须足够机灵，学会在算命过程中收集对方的基本信息、琢磨对方的心理状态，在算出难以解释的结果时懂得随机应变，用灵活的话语和解释方法来应对。这一类情况在历史上有关算命的记载中其实非常多见。

例如古代非常流行的为人看生辰八字算命的情况，原本生辰八字只要求提供具体的出生年月就可以了。理论上，出生年月一致，生辰八字自然也一样，算出的命运也应该一样。但后来，由于同年同月生的人实在太多，算命先生难以解释为什么同年同月出生的人命运遭际却不同，所以就改变了规则，提供生辰八字时细致到哪一日哪一时。后来又发现同时生的人命运不同的还有很多，就将一时划分成上中下三刻，这样同一刻出生的人就少很多了。并且孩子出生时家人往往非常忙乱，记不清具体哪一刻出生的很多。万一算命得出的结果与事实不符，算命先生还可以说一定是父母把真正的出生时刻记错了。另外，算命先生还有可能将一些难以解释的问题归结于偶然的机缘或环境，即原本应该命运相似的两个人却最终命运大不相同，很有可能被解释为在机缘巧合的情况下遭遇了特殊的事，因此影响了遭遇者的命运。如此一来，即使多个人可以出生在同年同月同日同时同刻，但人自出生以来遭遇的事情绝不可能完全一样，这些人没能拥有完全相同人生的情况就可以得到解释了。例如有名的算命书籍《命理探源》中就有这样的一条记载：一位达官贵人和一个穷苦铁匠的生辰八字完全相同，但两人的人生和命运却显然完全不同。这对算命先生来说原本应该是难以解释的情况，但当时算命先生却做出了看似完美的解释：两人都是"火"命，如果出生时或后天能够得到

"水"的平衡的话就能拥有比较好的人生,反之则一生都会苦于"火"太过炽盛。大官虽然是"火"命,但出生时恰好生在一艘船上,船周围的"水"气中和了过于炽盛的"火",达到了平衡的效果,因此大官人生顺遂;而铁匠自出生以来一直生活在打铁的炉火旁,得不到"水"气的中和,因此一生坎坷。[1]这就是典型的用完全偶然的遭际来解释人生差异的例子。

事实上,彻底被问住的算命先生也是有的。或许总数量还不少,但由于多数都没有被记载下来,所以实际的事例比较少。例如宋代时平阳县八丈村有一个落魄的读书人叫何生,摆了一个小小的算命摊子为生。有一天,当地的一个官员到这里来算命,问他怀孕的夫人究竟会生男还是会生女。何生本来就不是算命的高手,一来二去算不清楚,大汗淋漓满脸赤红,支支吾吾地说了一句:"弄瓦弄璋。"这里,弄瓦指的是男孩,弄璋指的是女孩,基本算是什么都没回答,官员疑惑地走了。但巧合的是,不久后夫人正好生了一对龙凤胎。官员大喜,并把何生的算命术吹捧得神乎其神。[2]或许,如果没有后来这惊人的巧合的话,这个故事根本不会被记载下来。但即使有了这惊人的巧合,算命先生无法回答顾客的问题而支支吾吾的样子也是无法遮掩的。

1 / 林惠祥:《算命的研究和批判》,《中国人类学评论(第20辑)》,第49页。

2 / 王玉德、林立平等:《神秘的术数——中国算命术研究与批判》,《中华神秘文化书系》,第251–252页。

四、算命术的本质

人类从自由王国向必然王国的发展是一个必然的过程。在这个过程中，由于认识程度的局限，人类必然会产生各种各样的迷信思想。但这些迷信思想在人类历史的长河中是暂时的。随着人们认识、科技地不断发展，必然会逐渐意识到迷信观念的错误，并对之加以批判。正确的认识总是会不断地战胜错误的认识。因此，随着社会历史的发展，迷信观念的市场只会越来越小，科学观念将日益被人们接受。

1. 算命事例的"幸存者偏差"

在流传至今的历史文献、笔记小说中，存在着大量算命的故事。如果认为小说中的故事是虚构的，那么史书中的事例可以说是有迹可循的。其中，有算国家大事的，也有算生死、算婚姻、算官禄、算病痛、算前程的。当人们彷徨不安、举棋不定时，或者即将面对一些重大的变动时，或是穷途末路、求助无门时，很可能会求助于算命先生，于是便留下了许多算命事例。根据我们上文的分析，算命术的基础基本都是远古时期人们的信仰和崇拜观念，是非科学的，算命的逻辑思路则是非常单纯的。由此出发进行算命活动得出的结果，除了少数的偶合情况之外，多数应该是荒谬的、不准的。但令人感到奇怪的是，历史中流传至今的多数算命事例都十分灵验。这是怎么回事呢？

这种情况其实是一种幸存者偏差（Survivorship bias）的表现。幸存者偏差是一种社会生活中非常常见的逻辑谬误，指的是只能看到经过某种筛选而产生的结果，而没有意识到筛选的过程，因此忽略了一些被筛选掉的关键信息。例如某处有一座雪山，山中情况复杂险恶，攀爬这座雪山对人类来说十分危险。有一百位探险家进入山中，最后只有两位登顶成功并安全下了山。这两位幸存者带给山下人们的消息就会是：这座山并不太危险，可以攀登。但事实上，已经有九十八位探险家命丧于此，但他们已经无法再将"这座雪山非常危险"的关键信息带给山下的人们了。幸存者偏差在迷信事例中非常常见，我们所见的大量算命成功、准确的事例基本都可以归结为幸存者偏差在社会生活中的作用。一位算命先生算了一百次命，事实上只有两例偶然算准了。算命先生必定会将这两个事例作为模范大肆宣扬，或许还会请这两个事例的当事人来现身说法一番，为自己招揽更多的顾客。但此外的九十八个不准的案例，就被算命先生故意掩盖，或用别的形式糊弄过去了。如此一来，不准的事例都不会流传开来，最终在记载中留下的自然多半是算得准的事例。并且，在口耳相传的过程中，那些灵验的事例会越传越神。宋代的很多文人笔记中就记载了典型的幸存者偏差效应作用于算命活动的事例。熙宁元丰年间，有一个游方僧人在京城给人算命。一对姓蔡的兄弟进京参加科举考试，担心自己的成绩，便请这位僧人来算命。僧人对蔡氏兄长说，你是做大官的命，一辈子都会衣食无忧；又对弟弟说，你的命比兄长还要好，再过十几年应该就会进入朝廷中枢任职了。兄弟两个喜出望外，对僧人道谢，几个月后果然双双考中。于是时人都说僧人神算。[1] 重点是，这个故事就是这位兄长记述下来的。大凡参加考试，结果只可能有两种：考中或考不中。考不中的必定是大多数人，因为科举考试录取的人数极为有限。尽管人们都知道这个事实，但算命先生面对顾客总是倾向于说些吉利话，学生听了也高兴，参加考试时便会增加一些信心。如果没有考中，学生一般也不会太过计较，因为大家其实都知道考中是小概率事件；但一旦考中了，学生就会立刻想起算命先生的话，觉得真是灵验，多半还会跟人说起，有意无意地做了宣传工作。这种事例传开，人们就都会趋之若鹜地来算命。蔡氏兄弟在自己的著作中记下这个故事，实际上是在用它来美化自己，想说明自己的高官厚禄是天生注定的。其实在历史记载中，这对兄弟的命运并不像僧人所算的那么顺遂。他们都笃信算命，一生中算过无数次命。到靖康初年，两人都被削官，贬为平民，郁郁而终。

所以，记载中这些灵验的事例，有一些可能确实是算命先生根据顾客透露出的种种信息而准确推测出来的；有一些应该是偶然的巧合，不管算命术的理论是多么荒谬，也总是会有些预测歪打正着地一箭中靶；还有一些事例可能是后代的术士在知晓结果后逆推其人的事迹、牵强附会而成的，例如民国时有算命先生看到袁世凯等达官贵人的照片、生辰后，

[1] 王玉德、林立平等：《神秘的术数——中国算命术研究与批判》，《中华神秘文化书系》，第246页。

通过分析面相、生辰八字来为其显赫的经历和人生结局寻找先天的理由,便是这样的牵强附会。

2. 算命术包含封建社会观念

根据上文,算命术中的基本观念都起源于原始社会,是原始社会中兴盛的崇拜形式。但算命术作为一门预测命运的技术达到成熟并深入百姓生活,却是在中国古代的封建社会时期。因此算命术的具体内容中包含着大量封建社会的文化观念,是封建时代社会生活制度的一面镜子。

例如算命术在测算家庭生活的过程中,就明确体现了男尊女卑、一夫多妻等古代封建社会的家庭制度。例如在五行的相生相克中,出现火克金的现象,那么算命术便会认为火代表的是男性,金代表的是女性。男女的性别角色定位为"男为主、女为辅",其核心便是男尊女卑。在这样一种社会大环境以及思维逻辑之下,传统算命书籍对于男女相貌、行为上的标准亦有明显区别。例如这类书籍中对于女性判断的几个标准包括是否旺夫、是否刑克、是否多子等,所谓好女人的标准便是有助于丈夫发展的贤妻良母。传统算命书籍《柳庄神相》中在这方面的评论是很有代表性的。里面列出了女子外貌的"七十二贱、三十六刑伤、二十四孤、七贤、四德"[1],除了最后言语相当笼统的"七贤"和"四德"之外,列出了总共

---

1 / 田海林、宋会群辑点:《袁柳庄先生神相全编》,《相学秘籍全编》(上),贵阳:贵州人民出版社,1994年,第626–627页。

一百三十二种详细的负面评价标准,只要沾上一点,便会被评判为淫贱或注定克夫、贫苦。这是一个极为苛刻的评价系统,一个真实的女性想要完全符合这一系统中"好女人"的标准,可以说是难如登天。另外,封建社会具有清晰的阶级划分,并且这种阶级划分会代代相传。算命术的系统也对此有所表现,试图从命的角度来说明人的富贵贫贱是与生俱来的。例如前文提到,王充在《论衡》中就曾说:"人禀气而生,含气而长,得贵则贵,得贱则贱。……富贵贫贱皆在初禀之时,不在长大之后随操行而至也。"[1]也就是说,人的富贵贫贱和阶级在一出生时便已经被"禀气"决定了,后天的努力没有办法对此产生根本性的改变。这种思想与算命术殊途同归,都带有明显的封建社会制度的影响。明清的笔记小说中,这类论述前生命定的故事更加多见,并在当时的人民大众中颇为流行。例如《聊斋志异》中的《汪可受》一文就讲述了一个投胎转世的故事:汪可受出生在湖北省黄梅县,他天生就记得自己前三辈子的事。第一辈子此人是一个秀才,寄住在寺庙里面读书备考,见庙里有一头小骡子,他见财眼开就把小骡子偷回了家。死后来到阎王面前,阎王说他曾经犯下偷窃的罪,便罚他投胎成了一头骡子,还生在一所寺庙里。于是汪可受的第二辈子就是一头骡子,做苦力来偿还自己的罪过。此生结束之后却尚未还完自己的罪,于是再次投胎,第三辈子投到了一个农家,一出生就张口说话。家里人以为生了个

---

[1] 林惠祥:《算命的研究和批判》,王铭铭主编:《中国人类学评论(第20辑)》,第49页。

妖怪，大惊失色，便杀了他。这样一来，罪便还清了。此生，汪可受勤勤恳恳读书行善，年纪轻轻便考上了进士，最后官至大同巡抚，寿终正寝。[1]这个故事明显表露了命运前世注定，以及善恶报应、因果轮回的封建社会观念。

算命术既然认为人的贫富贵贱是命中注定、与生俱来的，按照这一逻辑，当然会劝说人们听天由命、安于现状。算命先生们总是喜欢扭曲孔子的原意，用《论语》中"君子居易以俟命，小人行险以侥幸"、"不知命无以为君子也"等儒家的经典表述来劝说人们做一个乐天知命的君子。[2]按照算命先生的劝说，人是无法真正改变自己的命运的，因此应该安于自己现在的命运。特别是穷苦的大众，在无法解释自己惨淡命运之时，便只能听从算命先生的话，怪自己命苦，认命而已。这种劝说对古代封建社会中生活贫苦的底层人民来说，能够起到一种类似宗教的麻醉作用。

3. 算命术的伪科学因素

算命先生往往也不会直说人的命运是由神决定的，而是会为自己的理论找一些貌似科学的理由。例如他们会论述命运是由宇宙间的自然现象而形成的，认为宇宙万物都是由五行这五种自然的物质元素构成，人的声明也同样由这五种物质元素构成，并通过这五种元素来测算命运。这种论调听起来有点像是科学观念化学，

---

1 / 王玉德、林立平等：《神秘的术数——中国算命术研究与批判》，《中华神秘文化书系》，第247页。

2 / 林惠祥：《算命的研究和批判》，王铭铭主编：《中国人类学评论（第20辑）》，第49页。

只不过元素的种类比科学中要少很多，内容不太一样，外行人理解起来更容易一些而已。算命术理论认为五行的相生相克是自然现象，就像水生木、木生火、火生土、土生金、金生水，以及土克水、水克火、火克金、金克木、木克土，从表面上看起来确实如此，而且每一个人出于生活经验也都能够理解。还有例如木旺于春、火旺于夏，也都有些自然界的理由，毕竟大家都知道春天植物发芽、夏天气候炎热。事实上，这只是算命先生的一小部分理论，他们会运用大众所知的化学、物理、天文、地理、数学、历法等一切要素，来试图证明算命术是有科学依据的。有了这些理由，算命先生就决不会承认自己的这一套是迷信，他们会将其奉为真理。然而，他们所举出的这一系列理由能够证明算命术是科学吗？需要回答的问题太多了，例如：宇宙万物的元素果真只有五种吗？如果不只是这五种的话，那么其他元素对人类命运的影响又怎么算呢？就算宇宙万物的组成元素只有这五种，那么木材燃烧后生出火焰，木元素对火元素就一定有"生"的作用吗？按照算命术的理论，宇宙万物都是由五种元素构成的，那么木头也应该是由五种元素共同构成的，为什么在"木生火"的课题上，木头就变得只有木元素了呢？这些算命先生所无法解释的问题实在太多了。所以，算命术是非科学的，只不过一些算命先生假托科学的要素对它进行了伪装。这些理论在古代科学程度比较低、人们还没有太多分辨能力的时候可以算作一种朴素哲学，算命先生们可以用它来骗人，在现代社会中也就只能被认为是迷信了。

另外，尽管看上去人们对命运的信仰和人们对鬼神的信仰有所不同，算命术和宗教也有着比较大的差异，但其实算命术与宗教本质上相同，在人类社会中起到的是类似的作用。它们共同发源于原始社会的"超自然主义"观念。所谓的超自然主义，便是原始人类和古人认为除了人力、自然力之外，宇宙之间还存在着一种超出于前两者之上的伟大力量，这种力量会在冥冥之中控制宇宙万物和人类命运。[1]算命术和宗教都有着类似的观念底色，只不过宗教认为这种超自然力量是由一些鬼怪神灵之类所拥有的，它们会出于自己的意志而动用这种力量，在暗中对人类社会产生影响。而命运信仰则不认为这种超自然力有着一定的控制者，这种力量是看不见也摸不到的，但人类一样受到它的控制，没有抵抗的能力，这种状况下有人便把这种力量称为"气"。命运之所以非常神秘，便是由于以上理由。算命先生所算的是已经被这种力量所决定的命运。至于命运为什么被决定成这样，怎样被决定成这样，就不是算命先生能够知道的事了。被问到这种问题的时候，算命先生只能说是上天所决定的，这里的"天"就很接近宗教信仰的对象了。项羽临死之时说"天亡我也"，王充在《论衡》里评论道："项羽已死，顾谓其徒曰吾败乃命。"可见命和天是一致的。扬雄也说："命者天之命也。"所以，命的信仰和宗教信仰本质上是一致的，在思路和方法上也是相通的。[2]这

---

[1] 林惠祥：《算命的研究和批判》，王铭铭主编：《中国人类学评论（第20辑）》，第50页。

[2] 林惠祥：《算命的研究和批判》，王铭铭主编：《中国人类学评论（第20辑）》，第51页。

种思想观念在古代非常普遍，尽管一些反对命运、鬼神信仰的思想家，也不免受到这种观念的影响。例如墨子的观点中反对信命的一条，但那只是出于功利的目的，认为相信鬼神的话鬼神还能够给人一些好处，相信命运的话命运是难以带来好处的，算不上是彻底反对命运信仰；王充反对鬼神信仰也不是在彻底反对鬼神观念。[1]其实，鬼神和命运，只要相信其中之一，也就基本上能够接受另一个，因为二者本质上是一致的。

4. 算命术必将消亡

综合以上的一系列论述，我们可以知道，命运信仰、宿命论思想和算命术完全没有科学的依据。它们都发源自人类原始社会生产力低下的时代，是人们在无力掌握自己的命运之时，幻想通过种种神奇的手段去预知、掌控自己的人生的努力。特别是算命术，更是把幻想中的联系发挥到了极致，用演绎法在宇宙万物之间进行毫无根据的推论。它们都呈现出明显的唯心论思想特征，与马克思主义的辩证唯物观点和唯物史观是截然相反的。马克思主义认为，自然界和人类社会都有着一定的发展规律，自然与人类都会在这一规律的作用下不断进化。尽管其中会有挫折和反复，但发展的大方向是不会改变的。而这一发展规律可以被人类所认识。人类终究有一天将进入自由王国的社会阶段，那将是人类摆脱了一切的盲目性，彻底地进入科

1 / 林惠祥：《算命的研究和批判》，王铭铭主编：《中国人类学评论（第20辑）》，第51页。

学认知之中,并将之应用于生产和劳动的社会阶段。在那样的自由王国中,人们将可以自主选择劳动种类,自由创造劳动产品,自觉地掌握自己的命运。那样的生活,才是真正科学而自由的生活,没有任何一种生活能比这样的生活更重要、更有价值。因此,我们可以断言:命运信仰、宿命论思想和算命术理论这一类人类盲目性观念总有一天将会退出人类的生活,变成历史舞台上曾经存在过、供人反思的标本。

参考文献

一、著作类

[1] 马林诺夫斯基著.费孝通等译.文化论[M].北京：中国民间文艺出版社，1987.

[2] 傅斯年著.傅斯年全集[M].长沙：湖南教育出版社，2003.

[3] 徐复观著.中国人性论史·先秦篇[M].上海：上海三联书店，2001.

[4] 托卡列夫.世界各民族历史上的宗教[M].北京：中国社会科学出版社，1985.

[5] 杨伯峻编著.春秋左传注[M].第5版.北京：中华书局，2009.

[6] 郑玄著.李学勤编.周礼注疏[M].第2版.上海：上海古籍出版社，2010.

[7] 孔颖达注疏.尚书正义[M].上海：上海古籍出版社，2007.

[8] 许慎撰，段玉裁注.说文解字注[M].第4版.北京:中华书局，2013.

[9] 王力著.同源字典 [M].第 2 版.北京:中华书局,2014.

[10] 杨天宇撰.礼记译注 [M].上海:上海古籍出版社,2004.

[11] 刘勰著.文心雕龙 [M].第 2 版.北京:中华书局,2012.

[12] 杨伯峻译注.论语译注 [M].北京:中华书局,1998.

[13] 陈桐生著.国语全注全译 [M].北京:中华书局,2013.

[14] 程俊英译注.诗经译注 [M].第 3 版.上海:上海古籍出版社,2012.

[15] 陆宗达、王宁.训诂与训诂学 [M].太原:山西教育出版社,1994.

[16] 王先谦撰.释名疏正补 [M].北京:中华书局,2008.

[17] 王先谦撰.荀子集解 [M].第 3 版.北京:中华书局,2013.

[18] 王先慎撰.韩非子集解 [M].第 3 版.北京:中华书局,2013.

[19] 陈寿著.三国志 [M].第 5 版.北京:中华书局,2011.

[20] 胡奇光,方环海撰.尔雅译注 [M].上海:上海古籍出版社,2004.

[21] 王念孙.广雅疏证 [M].北京:中华书局,2004.

[22] 司马迁著.韩兆琦译注.史记 [M].北京:中华书局,2010.

[23] 杨伯峻译注.孟子译注 [M].北京:中华书局,1960.

[24] 萧统著.李注义疏.昭明文选 [M].北京:中华书局,1997.

[25] 陈立撰.吴则虞点校.白虎通疏证 [M].北京:中华书局,1994.

[26] 李泽厚著.论语今读 [M].合肥:安徽文艺出版社,1998.

[27] 朱熹撰.四书章句集注[M].北京：中华书局，1983.

[28] 王焕镳撰.墨子集诂[M].上海：上海古籍出版社，2005.

[29] 张岱年著.中国哲学大纲[M].南京：江苏教育出版社，2005.

[30] 焦循撰.沈文倬点校.孟子正义[M].北京：中华书局，1987.

[31] 郭庆藩撰.庄子集释[M].第2版.北京：中华书局，2013.

[32] 冯友兰著.中国哲学简史[M].北京：北京大学出版社，1996.

[33] 崔大华著.庄学研究——中国哲学一个观念渊源的历史考察[M].北京：人民出版社，1992.

[34] 刘笑敢著.庄子哲学及其演变[M].北京：中国社会科学出版社，1988.

[35] 杨国荣著.庄子的思想世界[M].北京：北京大学出版社，2006.

[36] 陈鼓应著.老子今注今译[M].北京：商务印书馆，1998.

[37] 杨国荣著.善的历程——儒家价值体系研究[M].上海：上海人民出版社，2006.

[38] 郑晓江著.善死与善终——中国人的死亡观[M].昆明：云南人民出版社，1999.

[39] 赖永海著.佛学与儒学[M].杭州：浙江人民出版社，1992.

[40] 杨泽波著.孟子性善论研究[M].北京:中国人民大学出版社，

2010.

[41] 张默生著.庄子新释[M].北京：新世界出版社，2007.

[42] 罗素著.西方哲学史[M].第2版.北京：商务印书馆，1997.

[43] 杨伯峻撰.列子集释[M].北京：中华书局，2012.

[44] 孙诒让撰.孙启治点校.墨子间诂[M].北京：中华书局，2001.

[45] 韩兆琦著.史记通论[M].桂林：广西师范大学出版社，1996.

[46] 欧阳询撰.艺文类聚[M].上海：上海古籍出版社，1982.

[47] 王充著.黄晖点校.论衡校释[M].长沙：岳麓书社，2015.

[48] 钟肇鹏著.王充评传[M].南京：南京大学出版社，1993.

[49] 程颢、程颐著.王孝鱼点校.二程集[M].北京：中华书局，1981.

[50] 陈淳著.北溪字义[M].北京：中华书局，2009.

[51] 胡广、杨荣、金幼孜等撰.四书大全校注[M].武汉：武汉大学出版社，2015.

[52] 梁韦弦著.程氏易传导读[M].济南：齐鲁书社，2003.

[53] 朱熹著.朱子全书（修订本）[M].上海：上海古籍出版社，合肥：安徽教育出版社，2010.

[54] 唐君毅著.中国哲学原论.导论篇[M].北京：中国社会科学出版社，2005.

[55] 王玉德、林立平等著：神秘的术数——中国算命术研究与批判 [M]. 中华神秘文化书系. 南宁：广西人民出版社，1994.

[56] 林惠祥著：算命的研究和批判 [M]. 王铭铭主编：中国人类学评论（第 20 辑）. 北京：世界图书出版公司，2011.

[57] 田海林、宋会群辑点：《袁柳庄先生神相全编》[M].《相学秘籍全编（上）》. 贵阳：贵州人民出版社，1994.

二、论文类

[1] 雷淑娟. 说"命"[J]. 学术交流，2001，（1）.

[2] 吾敬东. 中国人"命"即命运观念的形成 [J]. 学术界，2009，（4）.

[3] 刘述先. 论孔子思想中隐含的"天人合一"一贯之道——一个当代新儒学的阐释 [C]. 黄俊杰编. 德川日本论语诠释史论. 台北：台大出版中心，2006.

[4] 陈家欢."天"、"命"视域下的孟子良心观 [J]. 安庆师范学院学报（社会科学版），2011，（11）.

[5] 崔大华. 人生终极的理性自觉——儒家"命"的观念 [J]. 孔子研究，2008，（2）.

[6] 韩传强. 孔子对儒家"终极关怀"的奠基——以《论语》论"命"为例 [J]. 学术论坛，2010，（10）.

[7] 李彤. 论司马迁的命运观 [J]. 广西社会科学，2004（3）.

[8] 卢枫.墨子"非命论"新议[J].孔子研究,1986.

[9] 史少博.王充论命[J].青岛大学师范学院学报,2006,(4).

[10] 李敬峰.程颐义命观思想研究[J].理论月刊,2012,(10).

[11] 王学群.朱熹对命的思考[J].湖南大学学报(社会科学版),2013,27(4).